GUIA DE DEGUSTAÇÃO DE CERVEJAS

CASA DOIS

GUIA DE DEGUSTAÇÃO DE
CERVEJAS

Editora-chefe Solange Bassaneze | **Editora** Janaina Medeiros
Textos e Revisão Amanda Agutuli, Karla Peralto e Lucie Ferreira | **Arte** Viviane Cristina de Jesus Silva (coordenação)
Editor de Fotografia Caio Cezar Guimarães | **Tratamento de Imagem** Cleber Alves

Colaboração Alvaro Dertinate Nogueira e Margareth Krauter (análise sensorial); Antonio Di Ciommo, Evelyn Müller, Tatiana Villa e Tarso Figueira (fotos); Chris Borges (ilustrações); Shutterstock (capa)

Impressão Editora Parma | **Distribuição** FC Comercial e Distribuidora SA

Guia de Degustação de Cervejas é uma publicação da **CasaDois Editora**. Não é permitida a reprodução total ou parcial das fotos ou dos textos publicados, exceto com autorização da CasaDois Editora.

Dados Internacionais de Catalogação na Publicação (CIP)
(Câmara Brasileira do Livro, SP, Brasil)

> Guia de degustação de cervejas.
> Santana de Parnaíba, SP : CasaDois, 2011.
> ISBN 978-85-62588-06-8
>
> 1. Cerveja - Guias, manuais etc.
> 2. Cerveja - História.

10-14180 CDD-641.23

> Índices para catálogo sistemático:
> 1. Cerveja : Bebidas 641.23

CASA DOIS

Diretores Luiz Fernando Cyrillo e Renato Sawaia Sáfadi

Administrativo Henrique Souza
Assinaturas, Atendimento ao Leitor e Revenda Danielle França
Logística Eduardo Mazzetto

FALE CONOSCO (2ª a 6ª das 8 às 18 horas)
ATENDIMENTO AO LEITOR: Para compra de edições anteriores e assinaturas | leitor@casadois.com.br
MARKETING: Encartes e ações dirigidas | mkt@casadois.com.br
PUBLICIDADE: Anúncios, encartes e ações dirigidas | publicidade@casadois.com.br
REDAÇÃO: Dúvidas, críticas e sugestões | editorial@casadois.com.br
REVENDA: Para colocar nossos produtos em seu ponto de venda | revenda@casadois.com.br

Telefones: (11) 2108-9000 - Fax (11) 2108-9020
Endereço para correspondência: Caixa Postal 33707-2 - CEP 05521-970 - São Paulo/SP

www.casadois.com.br

PUBLICAÇÕES DA CASADOIS EDITORA
Arte e Artesanato: Anuário Brasileiro de Artistas Florais, Arte com as Mãos, Arte com as Mãos Bonecas de Pano, Arte com as Mãos Apliquée, Arte com as Mãos Bolos Decorados, Arte com as Mãos Fuxico, Arranjo Floral, Crochê Passo a Passo, Decoração de Natal Especial, Fuxico Passo a Passo, Guia Arte e Artesanato, Guia Arte com as Mãos Unhas, Guia da Pintura, Patchwork Passo a Passo, Tela Passo a Passo; **Arquitetura e Decoração:** As Melhores Ideias de Apartamentos, As Melhores Ideias de Cozinhas, Best House Ideas, Construir, Construir Casas Ecológicas, Construir Contemporâneas, Construir Rústicas, Construir Sobrados, Construir Térreas, Decoração de Interiores Apartamentos, Decoração de Interiores Varandas, Good Ideas Lofts, Guia de Modelos de Piscinas, Piscinas & Churrasqueiras; **Festa e Casamento:** Decoração de Festas Infantis, Guia de Decoração de Festa de Casamento, Guia de Decoração de Natal, Roteiro Noiva Festa e Casamento; **Gastronomia e Culinária:** Cake Design, Cake Design Cupcakes, Coleção Delícias da Cozinha, Culinária Fácil, Guia Cake Design Claudia del Poente, Guia da Cerveja, Receitas de Panetone, Receitas para Ceia de Natal; **Jardinagem e Paisagismo:** Como Cultivar Orquídeas, Guia Como Cultivar Orquídeas para Iniciantes, Guia da Jardinagem, Guia de Orquídeas, Guia Sítio e Cia - Horta & Pomar, Jardins em Pequenos Espaços, Melhores Dicas de Garden Design, Meu Jardim, Paisagismo & Jardinagem; **Projeto e Construção:** Arquivo de Projetos, Casas de 50 a 90 m², Construção do Começo ao Fim, Edículas, Guia de Projetos para Construir, Ideias e Projetos, Manual da Piscina, Melhores Projetos, Projetos de 100 a 200 m², Projetos Sob Medida; **Saúde e Mulher:** Guia da Mamãe

ESTE PRODUTO É RECICLÁVEL

Introdução

A primeira "melhor cerveja degustada" a gente nunca esquece. Mas quando se trata de um cervejeiro de carteirinha, daqueles que prezam pela qualidade antes da quantidade e estão sempre em busca da "melhor última cerveja experimentada", é recomendado não confiar tanto na memória para guardar nomes, marcas e estilos. Pode-se recorrer ao bom e velho guardanapo de bar, que funciona como um prático bloquinho de anotações, registrando aquele rótulo degustado que você vai querer recomendar para todos os amigos.

Ao chegar em casa, porém, não esqueça de consultar o **Guia de Degustação de Cervejas** para incrementar o banco de dados com os nomes das loiras, ruivas e morenas que preencheram seu copo. Esta edição traz 564 rótulos nacionais e importados, em fichas descritivas para escolher, provar e anotar. Com análises sensoriais elaboradas pelo mestre cervejeiro e *beer sommelier* Alvaro Dertinate Nogueira, este guia traz indicações sobre a composição e as características de cada cerveja, comentando atributos como coloração, transparência, espuma, corpo, aroma, amargor e sensação residual.

Dentre os critérios utilizados para a avaliação, o leitor pode encontrar extrato, cor, teor alcoólico e tipo de fermentação – informações essenciais para quem pretende tornar essa bebida única uma verdadeira experiência de aromas e sabores. Nas próximas páginas, veja dicas de como servir a cerveja corretamente; tipos de copos e limpeza adequados; armazenagem e temperatura ideais. Sem esquecer, claro, da perfeita degustação – um ritual capaz de fazer com que um simples gole desencadeie aquela vontade de experimentar mais.

Um brinde!

Índice

Introdução	3
Aprenda a degustar	8
CERVEJAS DEGUSTADAS	
3 Monts	16
1795 Dark	16
1795 Original Czech Lager	16
Abadessa Export	16
Abadessa Helles	17
Abadessa Slava Pilsen	17
Achel 8 Blond	17
Achel 8 Bruin	17
A. K. Damm	18
Amadeus	18
Amazon Forest Bacuri	18
Amazon Forest Pilsen	18
Amazon River Lager	19
Amstel Pulse	19
Antarctica Malzbier	19
Antarctica Original	19
Antarctica Pilsen	20
Antarctica Sub Zero	20
Arsenalnoye Traditional	20
Áustria Bier Premium Amber	20
Áustria Bier Premium Pilsen	21
Áustria Bier Weiss	21
Backer 3 Lobos American Pilsen	21
Backer 3 Lobos American Wheat Exterminator	21
Backer 3 Lobos Bravo	22
Backer 3 Lobos Pele Vermelha	22
Backer Brown	22
Backer Medieval	22
Backer Pale Ale	23
Backer Pilsen Ale	23
Backer Trigo	23
Baden Baden 1999	23
Baden Baden Bock	24
Baden Baden Celebration Inverno 2008	24
Baden Baden Cristal	24
Baden Baden Golden Ale	24
Baden Baden Red Ale	25
Baden Baden Stout	25
Baden Baden Tripel	25
Baden Baden Weiss	25
Baltika 3 Classic	26
Baltika 4 Original	26
Baltika 5 Gold Lager	26
Baltika 6 Porter	26
Baltika 7 Premium	27
Baltika 8 Wheat Beer	27
Baltika 9 Extra	27
Baltika Cooler	27
Bamberg Alt Bier	28
Bamberg Bock	28
Bamberg München	28
Bamberg Pilsen	28
Bamberg Rauchbier	29
Bamberg Schwarzbier	29
Bamberg Tcheca	29
Bamberg Weizen	29
Barley Cerveja Pilsen	30
Barley Chopp Ambar	30
Barley Chopp Cristal	30
Barley Chopp Natural	30
Barley Chopp Weiss	31
Barney Flats Oatmeal Stout	31
Bateman's Combined Harvest	31
Bateman's Dark Lord	31
Bateman's Triple Xb (Xxxb)	32
Bateman's Victory Ale	32
Bauhaus	32
Bavaria 8.6	32
Bavaria 8.6 Red	33
Bavaria Pilsen Original	33
Bavaria Premium	33
Bavaria Sem Álcool	33
Beck Dom Malzbier	34
Beck Dom Pilsen	34
Beck's	34
Bière Du Desert	34
Bierland Bock	35
Bierland Imperial Stout	35
Bierland Pale Ale	35
Bierland Pilsen	35
Bierland Strong Golden Ale	36
Bierland Vienna	36
Bierland Weizen	36
Birra Duan Ambrata	36
Birra Moretti	37
Bitburger Premium Pils	37
Black Princess 1882	37
Black Princess Gold	37
Blanche De Bruxelles	38
Bock Damm	38
Bodebrown Hefe-Weisse	38
Bohemia Confraria	38
Bohemia Escura	39
Bohemia Pilsen	39
Bohemia Weiss	39
Boont Amber Ale	39
Boont Esb	40
Bossa Nova	40
Brahma Bock	40
Brahma Chopp	40
Brahma Extra	41
Brahma Light	41
Brahma Malzbier	41
Brakspear Triple	41
Brooklyn Black Chocolate Stout	42
Brooklyn Brown Ale	42
Brooklyn East India Pale Ale	42
Brooklyn Lager	42
Brooklyn Local 1	43
Brooklyn Monster Ale	43
Bruge Bitter Ale	43
Bruge Golden Ale	43
Bruge Stout	44
Bruge Thank's God	44
Caracu	44
Carlsberg	44
Cerpa Export Draft Beer	45
Cevada Pura Forte Escura	45
Cevada Pura Pilsen Clara	45
Cevada Pura Trigo Forte Clara	45
Chimay Bleu	46
Chimay Cinq Cents	46
Chimay Grande Réserve	46
Chimay Red	46
Chimay Triple	47
Christoffel Bier	47
Christoffel Bok	47
Christoffel Nobel	47
Christoffel Robertus	48
Christoffel Wijs	48
Cidade Imperial	48
Cidade Imperial Escura	48
Cintra Escura	49
Cintra Pilsen	49
Colônia Baixa Caloria	49

Colônia Extra Lager 49	Eisenbahn Dunkel 67
Colônia Malzbier... 50	Eisenbahn Joinville Porter 67
Colônia Negra... 50	Eisenbahn Kölsch 68
Colônia Pilsen... 50	Eisenbahn Lust 68
Colorado Appia... 50	Eisenbahn Lust Prestige 68
Colorado Cauim 51	Eisenbahn Natural...................................... 68
Colorado Demoiselle................................... 51	Eisenbahn Oktoberfest.............................. 69
Colorado Indica 51	Eisenbahn Pale Ale.................................... 69
Conti Malzbier... 51	Eisenbahn Pilsen.. 69
Conti Pilsen... 52	Eisenbahn Rauchbier................................. 69
Conti Premium... 52	Eisenbahn Strong Golden Ale 70
Coopers Best Extra Stout 52	Eisenbahn Weihnachts Ale 70
Coopers Original Pale Ale 52	Eisenbahn Weizenbier............................... 70
Coopers Sparkling Ale 53	Eisenbahn Weizenbock............................. 70
Coopers Vintage... 53	Erdinger Champ Weissbier...................... 71
Corona 53	Erdinger Oktoberfest Weissbier 71
Coruja Alba Weizenbock............................ 53	Erdinger Pikantus 71
Coruja Cerveja Viva 54	Erdinger Urweisse 71
Coruja Otus Lager....................................... 54	Erdinger Weissbier 72
Coruja Strix Extra.. 54	Erdinger Weissbier Alkoholfrei................ 72
Courage Directors.. 54	Erdinger Weissbier Dunkel....................... 72
Crystal Beer Sem Álcool 55	Estrada Real Ipa Falke Bier..................... 72
Crystal Fusion Guaraná.............................. 55	Estrada Real Weissbier Falke Bier......... 73
Crystal Fusion Limão 55	Estrella Damm 73
Crystal Fusion Maracujá............................ 55	Estrella Damm Daura................................ 73
Crystal Malzbier... 56	Estrella Damm Inedit 73
Crystal Pilsen.. 56	Etoile Du Nord... 74
Crystal Premium 56	Falke Bier Diamantina............................... 74
Czechvar Original Premium Lager.......... 56	Falke Bier Ouro Preto................................ 74
D'Ávila 57	Falke Bier Villa Rica................................... 74
Dado Bier Belgian Ale................................. 57	Falke Bier Vivre Pour Vivre 75
Dado Bier Double Chocolate Stout 57	Falke Tripel Monasterium......................... 75
Dado Bier Ilex 57	Fass... 75
Dado Bier Lager 58	Flensburger Dunkel................................... 75
Dado Bier Original...................................... 58	Flensburger Gold 76
Dado Bier Red Ale 58	Flensburger Pilsener 76
Dado Bier Royal Black 58	Flensburger Weizen 76
Dado Bier Weiss 59	Flensburger Winterbock........................... 76
Dama India Pale Ale 59	Franziskaner Hefe-Weissbier Dunkel.............. 77
Dama Pilsen.. 59	Franziskaner Hefe-Weissbier Hell.......... 77
Dama Stout 59	Franziskaner Weissbier Kristallklar........ 77
Dama Weiss.. 60	Frevo 77
De Koninck Belgian Ale 60	Früh Kölsch 78
De Koninck Blonde 60	Fuller's 1845 78
De Koninck Triple 60	Fuller's Esb Champion Ale 78
De Koninck Winter 61	Fuller's Golden Pride 78
Detrich Bier 61	Fuller's Honey Dew 79
Deus 61	Fuller's India Pale Ale 79
Devassa Bem Loura.................................... 61	Fuller's London Porter 79
Devassa Loura 62	Fuller's London Pride 79
Devassa Negra 62	Fuller's Vintage Ale 2008 80
Devassa Ruiva 62	Gaudenbier Pilsen 80
Doggie Style Classic Pale Ale 62	Gaudenbier Pilsen Gold............................ 80
Donna's Beer 63	Gavroche... 80
Dos Equis 63	Germânia Chopp & Vinho 81
Double Dog Double Pale Ale.................... 63	Germânia Escura.. 81
Dry Hopped St. Rogue Red Ale 63	Germânia Pilsen 81
Duvel 64	Geuze Boon Mariage Parfait.................... 81
Edelweiss Weissbier................................... 64	Glacial.. 82
Edelweiss Weissbier Snowfresh.............. 64	Gonzo Imperial Porter.............................. 82
Eggenberg Doppelbock 64	Greene King Abbot Ale 82
Eggenberg Hopfen König.......................... 65	Greene King Ipa 82
Eggenberg Nessie....................................... 65	Greene King Old Speckled Hen.............. 83
Eggenberg Samichlaus Bier..................... 65	Greene King Ruddles County 83
Eggenberg Samichlaus Helles................. 65	Greene King St. Edmund's...................... 83
Eikbier Golden... 66	Greene King Strong Suffolk..................... 83
Eikbier Porter.. 66	Greene King Strong Suffolk Vintage Ale 84
Eikbier Red Ale 66	Greene King Wexford Original Irish Cream Ale.84
Eikbier Weizen.. 66	Guinness... 84
Einbecher Ur-Bock Dunkel 67	Guitt's Extra.. 84
Eisenbahn 5 67	Guitt's Malzbier.. 85

5

Guitt's Pilsen 85
Hacker-Pschorr Anno 1417 85
Harp Premium 85
Harviestoun Bitter & Twisted 86
Harviestoun Ola Dubh 18 86
Harviestoun Ola Dubh 40 86
Harviestoun Old Engine Oil 86
Harviestoun Schiehallion 87
Heineken 87
Hen's Tooth 87
Hoegaarden 87
Hofbräu Dunkel 88
Hofbräu München Kindl Weissbier 88
Hofbräu München Original 88
Hofbräu Schwarze Weisse 88
Hollandia 89
Hop Ottin' India Pale Ale 89
Horn Dog Barley Wine 89
Isenbeck Premium 89
Itaipava Fest 90
Itaipava Malzbier 90
Itaipava Pilsen 90
Itaipava Premium 90
Itaipava Sem Álcool 91
Jenlain Ambrée 91
Jenlain Blonde 91
Jenlain Six 91
Jenlain St. Druon De Sébourg 92
John Smith's Extra Smooth 92
Justus Weizen Hefe Dunkel 92
Justus Weizen Hefe Hell 92
Kaiser Bock 93
Kaiser Gold 93
Kaiser Pilsen 93
Kaiser Summer Draft 93
Karavelle Keller Pilsen 94
Karavelle Premium Pilsen 94
Karavelle Red Ale Hell 94
Karavelle Weiss 94
Kilkenny 95
Kirin Ichiban 95
Klein Bier Pilsen 95
Köstritzer Schwarzbier 95
Kriek Boon 96
Krill Malzbier 96
Krill Pilsen 96
Krombacher Pils 96
Kronenbier 97
Kronenbourg 1664 97
La Brunette 97
La Chouffe Blond 97
La Divine 98
La Maline 98
La Trappe Blond 98
La Trappe Dubbel 98
La Trappe Quadrupel 99
La Trappe Tripel 99
La Trappe Witte Trappist 99
Lecker Pilsen 99
Lecker Malzbier 100
Leffe Blonde 100
Leffe Brune 100
Liber 100
Licher Weizen 101
Lokal Bier 101
Löwenbräu Original 101
Malheur 10° 101
Malheur 12° 102
Malheur Bière Brut 102
Malheur Dark Brut 102
Malta Golden Bier Classic 102
Malta Malzbier Escura 103
Malta Pilsen 103
Marston's Double Drop 103
Marston's Strong Pale Ale 103
Mastra Dorada 104
Mastra Negra 104
Mastra Roja 104
Mc Chouffe Brune 104
Meantime Chocolate 105
Meantime Coffee Porter 105
Meantime India Pale Ale 105
Meantime London Pale Ale 105
Meantime London Porter 106
Meantime London Stout 106
Meantime Raspberry Grand Cru 106
Miller Genuine Draft 106
Mistura Clássica Amber 107
Mistura Clássica Cheers Black Ale 107
Mistura Clássica Cheers Red Ale 107
Mistura Clássica Cheers Weiss 107
Mistura Clássica Extra 108
Mistura Clássica Malzbier 108
Mistura Clássica Pilsen 108
Mistura Clássica Premium 108
Mistura Clássica Stout 109
Mistura Clássica Strong Dark Ale 109
Mistura Clássica Strong Golden Ale 109
Morimoto Black Obi 109
Morimoto Soba Ale 110
Mulata 110
Murphy's Irish Red 110
Murphy's Irish Stout 110
Mythos 111
Nebraska 111
Newcastle Brown Ale 111
Nobel 111
Norteña 112
Nova Schin Malzbier 112
Nova Schin Munich 112
Nova Schin Pilsen 112
Nova Schin Sem Álcool 113
Nova Schin Zero 113
Oettinger Hefeweissbier 113
Oettinger Pils 113
Oettinger Super Forte 114
Old Scratch Amber Lager 114
Opa Bier Old Ale 114
Opa Bier Pale Ale 114
Opa Bier Pilsen 115
Opa Bier Porter 115
Opa Bier Weizen 115
Orval 115
Page 24 Réserve Hildegarde Ambrée 116
Page 24 Réserve Hildegarde Blonde 116
Palm 116
Palm Royale 116
Palm Steen Brugge Dubbel Bruin 117
Patricia Salus 117
Paulaner Hefe-Weissbier 117
Paulaner Hefe-Weissbier Alkoholfrei 117
Paulaner Hefe-Weissbier Dunkel 118
Paulaner Original Münchener Hell 118
Paulaner Salvator 118
Paulaner Weissbier Kristallklar 118
Paulistânia 119
Pauwel Kwak 119
Petra Aurum 119
Petra Bock 119
Petra Premium 120
Petra Schwarzbier 120
Petra Stark Bier 120
Petra Weissbier 120

Pfungstädter Export Classic	121
Pietra	121
Pils Malzbier	121
Pils Pilsen	121
Pilsen	122
Pilsner Urquell	122
Piva	122
Poleeko Gold Pale Ale	122
Primátor Double 24%	123
Primátor English Pale Ale	123
Primátor Exkluziv 16%	123
Primátor Polotmavý 13%	123
Primátor Premium	124
Primátor Premium Dark	124
Primátor Rytírský 21%	124
Primátor Svetlý	124
Primátor Weizenbier	125
Primus	125
Prosit	125
Puerto Del Sol	125
Quilmes	126
Rasen Ambar Ale	126
Rasen Dunkel	126
Rasen Pilsen	126
Rasen Weizen	127
Ravache Gold	127
Rio Claro	127
Road Dog Porter	127
Rodenbach Grand Cru	128
Rogue Amber Ale	128
Rogue Brutal Bitter	128
Rogue Dead Guy Ale	128
Rogue Halzenut Brown Nectar	129
Rogue Juníper Pale Ale	129
Rogue Shakespeare Oatmeal Stout	129
Rothaus Hefe-Weizen Zäpfle	129
Rothaus Märzen Export Eis Zäpfle	130
Rothaus Pilsen Tännen Zäpfle	130
Saidera Pilsen	130
Saidera Premium	130
Saint Bier Belgian Golden Ale Premium	131
Saint Bier Bock	131
Saint Bier In Natura	131
Saint Bier Pilsen	131
Saint Bier Stout	132
Samba	132
Sambadoro	132
Santa Cerva	132
Sapporo Premium Beer	133
Sauber Ginger	133
Sauber Honey	133
Sauber Lemon	133
Sauber Pumpkin Ale	134
Sauber Witbier	134
Schmitt Ale	134
Schmitt Ale Alto Teor Alcoólico	134
Schmitt Barley Wine	135
Schneider Rúbia	135
Scotch Silly	135
Serramalte	135
Skol 360º	136
Skol Beats	136
Skol Lemmon	136
Skol Pilsen	136
Snake Dog Ipa	137
Sol Pilsen Brasil	137
Sol Pilsen México	137
Spaten Müncher Hell	137
Spitfire Premium Kentish Ale	138
Spoller Pilsen	138
St. Landelin Ambrée	138
St. Landelin Blonde	138
St. Landelin La Divine	139
St. Landelin Mythique	139
Starobrno	139
Starobrno Cerné	139
Stella Artois	140
Steenbrugge Blond Ale	140
Steenbrugge Dubbel Bruin	140
Super Bock Abadia Gold	140
Super Bock Abadia Rubi	141
Super Bock Long Neck	141
Super Bock Stout	141
Summer Draft	141
Tequieros	142
Theresianer Pale Ale	142
Theresianer Premium Pills	142
Theresianer Vienna	142
Therezópolis Gold	143
Thomas Hardy's Ale	143
Tilburg's Dutch Brown Ale	143
Tire Bite Golden Ale	143
Trappistes Rochefort 6	144
Trappistes Rochefort 10	144
Traquair House Ale	144
Tripel Karmeliet	144
Tucher Bajuvator	145
Tucher Dunkles Hefe Weizen	145
Tucher Helles Hefe Weizen	145
Tucher Übersee Export	145
Unibroue 15th Anniversary	146
Unibroue 16	146
Unibroue 17	146
Unibroue Don De Dieu	146
Unibroue La Fin Du Monde	147
Unibroue Maudite	147
Unibroue Trois Pistoles	147
Urbock 23º	147
Urthel Hibernus Quentum	148
Urthel Hop-It	148
Urthel Parlus Magnificum	148
Urthel Samaranth	148
Venenosa	149
Voll-Damm	149
Wäls Dubbel	149
Wäls Pilsen	149
Wäls Pilsen Tipo Bohemia	150
Wäls Quadruppel	150
Wäls Trippel	150
Warsteiner Dunkel	150
Warsteiner Fresh Alkoholfrei	151
Warsteiner Premium Verum	151
Waterloo 7	151
Waterloo 8	151
Wee Heavy Oak Barrel	152
Weihenstephaner Hefe Weissbier	152
Weihenstephaner Hefe Weissbier Dunkel	152
Weihenstephaner Tradition Bayrish Dunkel	152
Weihenstephaner Vitus	153
Wells Bombardier	153
Weltenburger Kloster Anno 1050	153
Weltenburger Kloster Barock Dunkel	153
Weltenburger Kloster Hefe-Weissbier Dunkel	154
Weltenburger Kloster Urtyp Hell	154
Wensky Beer Baltic Porter	154
Wensky Beer Drewna Piwa	154
Wensky Beer Pilsen	155
Wensky Beer Vienna Lager	155
Westmalle Dubbel	155
Westmalle Tripel	155
Xingu	156
Yellow Snow Ipa	156
Youngs Double Chocolate Stout	156
Zebu	156

Aprenda a degustar!

Confira a análise sensorial de 564 rótulos nacionais e importados e saiba o que avaliar em uma cerveja

Complexa, a cerveja apresenta diversas sensações que podem ser avaliadas, assim como é feito com café, chá, vinho, destilados, *blend*, entre outros. Seus atributos sensibilizam todos os sentidos e as cervejarias têm explorado novas fórmulas - diferentes da conhecidíssima Pilsen clara e de baixo amargor, dirigida à grande maioria da população nacional.

Aqueles que apreciam a bebida sabem que é cada vez mais fácil e frequente encontrar casas especializadas em cervejas alemãs, canadenses, japonesas, irlandesas, tchecas, belgas, americanas, entre tantas outras opções nacionais de cervejarias grandes, micros e artesanais. Para os cervejeiros de plantão, esses pontos são verdadeiros paraísos do prazer. Todavia, eles não tomam 15 tulipas de uma única vez – nem devem. No máximo, podem se deliciar com o menu degustação, onde são apresentadas até seis cervejas distintas, apreciando apenas meia dose de cada, pois caso tentem provar mais de três bebidas por hora, perderão a sensibilidade para distinguir todas as sensações que a gelada proporciona. Para exemplificar, dez cervejas por dia é um limite alto até mesmo para um profissional credenciado, como é o caso do mestre cervejeiro. Por isso, o ideal é não ter pressa e não misturar estilos durante a mesma avaliação.

Para orientar a escolha do próximo rótulo e tirar dúvidas sobre alguma indicação que um amigo tenha feito, convidamos o mestre cervejeiro e *beer sommelier* Alvaro Dertinate Nogueira, de São Paulo, SP, a elaborar a avaliação sensorial de 564 rótulos nacionais e importados. Profissional experiente e reconhecido, Nogueira atua no mercado de cerveja desde 1979, quando entrou na Antarctica como técnico químico, chegando ao cargo de chefe de laboratório de microbiologia. Em 1989, foi à Alemanha fazer um curso de cervejaria na Doemes Academy, uma das mais importantes instituições do segmento. Voltou dois anos depois com o título de mestre cervejeiro e malteiro e permaneceu na Antarctica até 1999. No mesmo ano, presenciou a fusão entre Antarctica e Brahma, atuando na Ambev, como mestre cervejeiro e degustador até 2001. Nogueira ainda coordenou por seis anos a área de serviços tecnológicos para a indústria de bebidas na primeira escola de cervejaria do Brasil, o Senai da cidade de Vassouras, RJ, com atuação nacional e na América Latina. Ele se mantém atualizado sobre o que acontece no mundo cervejeiro por meio das viagens internacionais que realiza como técnico, palestrante ou jurado de concursos. Para cumprir a "difícil" tarefa da avaliação sensorial, Nogueira vem degustando as 564 cervejas ao longo de seis anos, para que nossos leitores possam enriquecer o conhecimento sobre a bebida e aplicá-lo em cada copo provado, testando e aprovando detalhe por detalhe.

Critérios

De acordo com a legislação brasileira, a cerveja é classificada em cinco critérios: extrato, cor, teor alcoólico, porcentagem de malte de cevada e tipo de fermentação. Todos foram abordados na avaliação de Nogueira.

Quanto ao extrato, são divididas em: leve, com concentração de açúcares fermentescíveis entre 5 e 10,5%; comum, entre 10,5 e 12%; extra, quando está entre 12 e 14%; e forte, acima de 14%. O extrato é responsável pela sensação de corpo da cerveja e, quanto maior a concentração de açúcares, mais encorpada é a bebida.

Em relação à cor, há duas divisões: clara e escura. Para fermentação, é classificada entre alta ou baixa, e para o teor alcoólico, é considerada alcoólica acima de 0,5% de álcool em volume. Abaixo deste valor, é determinada como cerveja sem álcool.

Há três divisões referentes à quantidade de malte de cevada: puro malte, quando há 100% malte de cevada; cerveja, quando está entre 50 e 100%; e se o cereal predominante não é a cevada, a bebida leva o nome do cereal utilizado, por exemplo, cerveja de trigo. Também por causa da nossa legislação, todas as nacionais devem ter, pelo menos, 20% de malte de cevada na receita.

Composição

Na degustação, há informações sobre os componentes da cerveja e esses dados devem ser declarados de forma completa nos rótulos. No entanto, para facilitar a leitura, Nogueira excluiu os aditivos, que normalmente são acidulantes, antioxidantes e estabilizantes. Ressaltamos, entretanto, que mesmo as cervejas classificadas como puro malte podem conter tais aditivos, pois o termo "puro malte" significa apenas que toda a fonte de carboidrato provém de cereais maltados. Quando segue a Lei de Pureza Alemã, decretada em 1516, significa que a bebida é produzida apenas com água, malte de cereal (geralmente cevada ou trigo), lúpulo e levedura cervejeira.

O que avaliar

A análise sensorial de uma cerveja engloba mais de uma dezena de atributos. Durante a degustação, todos os sentidos estão em alerta e são estimulados a partir do momento em que enxergamos a cerveja. Por isso, o mestre cervejeiro inseriu informações sobre coloração, transparência, espuma, corpo, aroma, amargor e sensação remanescente. Cada um desses elementos tem a sua importância e fornece informações sobre a bebida.

COR: varia de amarelo-palha (muito clara) a negra, passando por amarelo-ouro, castanho e vermelho. Essa escala é influenciada principalmente pela composição de maltes da cerveja e adição de corantes. O mais conhecido é o corante caramelo.

Escala da coloração da cerveja, influenciada pela composição de maltes e corantes (classificação SRM – *Standard Reference Method*, que usa a absorção de luz em comprimentos de onda como medição)

- água
- amarelo-palha
- amarelo
- dourado
- âmbar
- cobre-claro
- cobre
- marrom-claro
- marrom
- marrom-escuro
- marrom muito escuro
- preto
- preto opaco

TRANSPARÊNCIA: está ligada à filtração, feita no final do processo de fabricação. No entanto, algumas cervejas artesanais e as refermentadas dentro da própria garrafa não são filtradas e apresentam turbidez.

ESPUMA: deve ser como uma coroa na cabeça de uma princesa e estar sempre presente. Os mestres cervejeiros não aprovam um copo de cerveja sem que ele tenha dois dedos de espuma, porque ela é uma forma de proteção da bebida contra o meio exterior e ajuda a reter o gás carbônico, que torna o produto refrescante. Uma boa espuma forma-se quando a bebida é derramada no copo e pode ser intensa, boa, regular ou fraca, dependendo da composição e do processo de produção. A quebra da espuma é uma característica de qualidade, visto que ela não pode se desfazer rapidamente. Deve ser persistente e de bolhas miúdas e manter-se até o final do copo.

CORPO: é uma sensação que nos informa a densidade da bebida. É composto pelo álcool e açúcares não fermentados pela levedura e, quanto maior a quantidade em que aparecem, mais encorpada será a cerveja.

SENSAÇÃO: pode ser forte, encorpada, comum, leve e suave.

AROMA: durante a fermentação, as leveduras produzem álcool, gás carbônico e alguns subprodutos aromáticos. As cervejas de alta fermentação apresentam ésteres que conferem aromas agradáveis como cravo, banana, especiarias etc.

AMARGOR: o lúpulo é uma das matérias-primas que influenciam fortemente a sensação gustativa do amargor. A bebida pode, inclusive, apresentar o aroma desse ingrediente, como normalmente acontece com as cervejas alemãs e belgas, que têm concentração de lúpulo aromático com quantidade suficiente para que seja detectada pelo apreciador. Embora haja pessoas que não estão acostumadas ao sabor amargo, a cerveja com essa característica pode, sim, ser muito saborosa.

SENSAÇÃO RESIDUAL: está associada à vontade de querer mais uma cerveja ou um gole (*drinkability*). Pode ser refrescante, leve, suave, agradável, adstringente e até doce, dependendo do tipo de cerveja. Quando bem produzida, a sensação residual adstringente é boa, pois caracteriza o tipo da bebida.

A. K. DAMM

Cerveja espanhola Pilsen clara, produzida pela Damm, em Barcelona, de baixa fermentação e teor alcoólico declarado de 4,8%
COMPOSIÇÃO BÁSICA: água, malte de cevada e lúpulo
CARACTERÍSTICAS: coloração amarelo-ouro, espuma intensa e de boa estabilidade, aroma de cereal maltado, encorpada, amargor harmonioso e sensação residual de cereal e levemente amarga

OBS: DEGUSTADA EM: ___/___/___

AMADEUS

Cerveja francesa, tipo Witbier, de trigo, produzida pela Le Brasseurs de Gayant, em Dovai, de alta fermentação e teor alcoólico declarado de 4,5%
COMPOSIÇÃO BÁSICA: água, malte de cevada, malte de trigo, *corandier* e lúpulo
CARACTERÍSTICAS: coloração amarelo-esbranquiçada, turva pela presença de fermento, espuma intensa de média persistência, aroma frutal e cítrico, sabor ácido de frutas, leve, amargor quase imperceptível e sensação residual ácida e refrescante

OBS: DEGUSTADA EM: ___/___/___

AMAZON FOREST BACURI

Cerveja nacional, tipo Specialty Fruit Bier, produzida pela Cervejaria Amazônia, em Belém, PA, de baixa fermentação e teor alcoólico declarado de 3,8%
COMPOSIÇÃO BÁSICA: água, malte de cevada, lúpulo, polpa de bacuri e essência
CARACTERÍSTICAS: coloração amarelo-clara, límpida, espuma intensa e de boa estabilidade, aroma ácido de fruta e de malte tostado, sabor complexo em harmonia com a fruta, amargor escondido pela intensidade de sabores e sensação residual ácida, adstringente e adocicada

OBS: DEGUSTADA EM: ___/___/___

AMAZON FOREST PILSEN

Cerveja nacional, tipo American Lager, produzida pela Cervejaria Amazônia, em Belém, PA, de baixa fermentação e teor alcoólico declarado de 3,5%
COMPOSIÇÃO BÁSICA: água, malte de cevada e lúpulo
CARACTERÍSTICAS: coloração amarelo-clara, límpida, espuma de boa formação e queda lenta, aroma de cereais maltados, extremamente leve, sabor de cereal, amargor suave e sensação residual refrescante e seca

OBS: DEGUSTADA EM: ___/___/___

ABADESSA HELLES

Cerveja nacional clara, tipo Helles, produzida pela Cervejaria RSW Abadessa, em Porto Alegre, RS, de baixa fermentação, não filtrada, com teor alcoólico declarado de 4,6%
COMPOSIÇÃO BÁSICA: água, malte de cevada e lúpulo
CARACTERÍSTICAS: coloração amarelo-ouro, levemente turva, espuma intensa e de boa estabilidade, aroma de cereais maltados e ésteres de fermentação, amargor suave equilibrado com o adocicado do malte e sensação residual aveludada e doce

OBS:

DEGUSTADA EM: ___/___/___

ABADESSA SLAVA PILSEN

Cerveja nacional clara, tipo Pilsen, produzida pela Cervejaria RSW Abadessa, em Porto Alegre, RS, de baixa fermentação e teor alcoólico declarado de 4,1%
COMPOSIÇÃO BÁSICA: água, malte de cevada e lúpulo
CARACTERÍSTICAS: coloração amarelo-clara, levemente turva com borra no fundo da garrafa, espuma de boa formação e média estabilidade, aroma cítrico e ácido, leve, amargor suave de lúpulo e sensação residual ácida

OBS:

DEGUSTADA EM: ___/___/___

ACHEL 8 BLOND

Cerveja belga Trapista clara, tipo Strong Ale, produzida pela Abadia Sint Benedictus, em Hamont-Achel, de alta fermentação e teor alcoólico declarado de 8%
COMPOSIÇÃO BÁSICA: água, malte de cevada e lúpulo
CARACTERÍSTICAS: coloração amarelo-ouro, leve turvação, espuma intensa e persistente, aroma frutado de ésteres e cítrico, encorpada, amargor leve e sensação residual refrescante e alcoólica

OBS:

DEGUSTADA EM: ___/___/___

ACHEL 8 BRUIN

Cerveja belga Trapista escura, tipo Dark Strong Ale, produzida pela Abadia Sint Benedictus, em Hamont-Achel, de alta fermentação e teor alcoólico declarado de 8%
COMPOSIÇÃO BÁSICA: água, malte de cevada e lúpulo
CARACTERÍSTICAS: coloração marrom-avermelhada, leve turvação, espuma intensa e com boa estabilidade, aromas de ésteres e malte torrado, encorpada, amargor leve e sensação residual adstringente e adocicada de malte tostado

OBS:

DEGUSTADA EM: ___/___/___

3 MONTS

Cerveja francesa, tipo de guarda, produzida pela Brasserie Saint Sylvestre, em Saint Sylvestre Cappel, de alta fermentação e teor alcoólico declarado de 8,5%
COMPOSIÇÃO BÁSICA: água, malte de cevada e lúpulo
CARACTERÍSTICAS: coloração dourada, límpida, espuma firme e persistente, aromas complexos de malte e frutas cítricas, encorpada, amargor intenso e sensação residual de aquecimento, amarga e frutal

OBS: DEGUSTADA EM: ___/___/___

1795 DARK

Cerveja tcheca Pilsen escura, tipo Dark Lager, produzida pela Budejovicky Mestansky Pivovar, em Budweis, de baixa fermentação e teor alcoólico declarado de 4,5%
COMPOSIÇÃO BÁSICA: água, malte de cevada, carboidratos e lúpulo
CARACTERÍSTICAS: coloração marrom-avermelhada, espuma intensa e de boa estabilidade, aromas de malte torrado e café, encorpada, amargor insipiente e sensação residual adstringente e adocicada de malte tostado

OBS: DEGUSTADA EM: ___/___/___

1795 ORIGINAL CZECH LAGER

Cerveja tcheca Pilsen clara, produzida pela Budejovicky Mestansky Pivovar, em Ceske Budejovice, de baixa fermentação e teor alcoólico declarado de 4,7%
COMPOSIÇÃO BÁSICA: água, malte de cevada e lúpulo
CARACTERÍSTICAS: coloração amarelo-ouro, espuma intensa e firme, aroma pronunciado de malte, encorpada, amargor forte de lúpulo e sensação residual harmoniosamente amarga e adstringente

OBS: DEGUSTADA EM: ___/___/___

ABADESSA EXPORT

Cerveja nacional clara, tipo Lager, produzida pela Cervejaria RSW Abadessa, em Porto Alegre, RS, de baixa fermentação e teor alcoólico declarado de 5%
COMPOSIÇÃO BÁSICA: água, malte de cevada e lúpulo
CARACTERÍSTICAS: coloração âmbar-clara, levemente turva com borra no fundo da garrafa, espuma intensa e persistente, aroma de cereais maltados e levemente cítrico, encorpada e adocicada, amargor suave e sensação residual harmoniosa entre o amargo e o doce

OBS: DEGUSTADA EM: ___/___/___

Deguste passo a passo

1- Aproxime o copo de cerveja contra a luz e avalie a coloração, a turbidez do líquido e a estabilidade da espuma.

2- Aspire pequenas quantidades de ar próximo à boca do copo.

3- Coloque na boca uma pequena quantidade e, após dois ou três segundos, engula e expire pelo nariz.

4- Faça movimentos circulares com o copo para liberar os aromas e aspire novamente pequenas quantidades de ar próximo à boca do copo.

5- Ingira quantidade suficiente para preencher toda a boca.

6- Avalie os atributos da bebida como um todo, considerando a sensação remanescente.

picante, amarga e doce são algumas das impressões que ficam na boca e no nariz, que podem ser descritas como características finais da cerveja. Quanto melhor for essa sensação residual, mais o consumidor irá apreciar e ter vontade de tomar essa cerveja novamente. Ao conjunto de sensações finais observadas, damos o nome de *drinkability*.

A percepção do mestre

Confira a análise sensorial de cervejas nacionais e importadas elaboradas pelo *beer sommelier*. Como elas sempre mantêm características ano após ano, poderá servir como uma espécie de banco de dados.

A avaliação de Alvaro Dertinate Nogueira não necessariamente reflete a opinião dos fabricantes das bebidas.

A temperatura de serviço da cerveja também é essencial para que possamos perceber todas as características daquele rótulo. A bebida nunca deve estar "estupidamente gelada", pois a temperatura muito baixa amortece as papilas gustativas, escondendo seus aromas e seus sabores, além de desequilibrá-la tendendo a ficar mais amarga e menos doce. Por isso, ao comprar vários tipos de cerveja, é necessário mantê-las em local fresco, seco e arejado. Geladeira não é local de armazenar cerveja; embaixo da pia da cozinha, sim.

Cada estilo demanda uma temperatura correta e isso deve ser respeitado. Algumas cervejarias fazem constar no rótulo de suas cervejas a temperatura correta de serviço. Como regra geral, assume-se que as do tipo Lager, mais claras e menos aromáticas, devem ser degustadas a temperaturas mais baixas, entre 4 e 7°C, enquanto as do tipo Ale, mais aromáticas e encorpadas, pedem uma temperatura mais elevada, entre 8 e 16°C.

Para quem não anda com um termômetro no bolso, uma dica: a temperatura da geladeira de casa é próxima a 4°C, ideal para uma Pilsen clara (a grande maioria das cervejas nacionais). Um balde com gelo leva a temperatura da cerveja para próximo de 0°C e, se você colocar um pouco de álcool ou sal para gelar mais rápido, irá abaixo disso. Porém, é totalmente desaconselhável. Se preferir cervejas tipo Ale, mantenha-as na geladeira por pelo menos quatro horas. Antes de servi-las, deixe por cerca de 20 minutos sobre a mesa.

Drinkability

Existe ainda uma última avaliação feita pelo degustador: o chamado *aftertaste*, traduzido como sensação residual ou remanescente, que é a impressão final percebida pelo degustador após manter a cerveja na boca (para registrar seus diferentes aromas) e de engolir uma quantidade generosa da bebida.

Refrescante, agradável, adstringente,

Múltiplos perfumes

Imediatamente depois de servir a bebida, o degustador avalia seu aroma. Essa análise olfativa deve ser realizada em duas etapas: no momento em que a cerveja é servida e após a queda da espuma, uma vez que ela dificulta um pouco a percepção das fragrâncias da bebida.

Aspirando pequenas quantidades de ar próximo à boca do copo, é possível perceber grande parte dos aromas que exalam dele. Para descobrir todos os odores, é necessário colocar na boca uma pequena quantidade de cerveja e, após dois ou três segundos, engolir e expirar pelo nariz.

A seguir, com o copo um pouco vazio, deve-se fazer movimentos circulares para liberar os aromas e aspirar novamente pequenas quantidades de ar próximo à boca do copo. Isso permite uma completa avaliação dos perfumes da bebida e também de seus *off flavours*, quando presentes.

O paladar

O sabor da cerveja só é percebido quando a bebemos. Diferentemente da degustação do café e do vinho, que são "cuspidos", ela deve ser ingerida em quantidade suficiente para preencher totalmente a boca do degustador. Isso faz com que as papilas gustativas da língua sejam sensibilizadas e registrem as sensações de doce, amargo e ácido. Em seguida, o degustador avalia a bebida como um todo. Ela pode se mostrar leve, suave, encorpada, forte, ácida ou adstringente. As matérias-primas da formulação e o correto andamento do processo de fabricação são revelados nessa etapa.

Por vezes, quando ingerimos mais de uma bebida por degustação, podemos não sentir todos os sabores da cerveja seguinte. É comum que os avaliadores bebam água ou comam um pedaço de pão entre cada rótulo para poder limpar o paladar, sem comprometer a apreciação.

Weissbier

Quase todo o líquido deve ser despejado delicadamente no copo inclinado (reserve cerca de dois dedos). Agite a garrafa nos sentidos horário e anti-horário, para que as partículas depositadas no fundo se misturem com o líquido. Por último, o restante da bebida é servido. A espuma é densa e cremosa.

Stout

Deve-se encher o copo devagar até a metade. Se a espuma começar a subir, é preciso dar uma pausa para que a bebida assente. Depois, complete o copo, formando uma espuma cremosa.

Mãos ao copo

É importante destacar que há produtos do nosso dia a dia que interferem na percepção das características sensoriais da cerveja e devem ser evitados, como perfumes, desodorantes, hidratantes e até mesmo antissépticos bucais, que podem afetar a análise dos aromas da bebida. Há alimentos que também "contaminam" o paladar. Café, bala e chiclete são alguns dos itens que devem ser evitados até uma hora antes da prova da cerveja.

No momento de servir a bebida, de preferência no copo apropriado, é possível registrar a formação e a estabilidade da espuma, a coloração e a turbidez do líquido. A coloração e a turbidez devem ser observadas contra uma fonte de luz, que pode ser uma lâmpada ou uma parede branca iluminada.

A formação de espuma é um importante fator de qualidade e sua observação é decorrente do ato de servir de forma correta. É necessário muito treino para garantir uma maneira padronizada de servir a cerveja e permitir a comparação entre elas. Alguns tipos não formam espuma naturalmente; é o caso das cervejas de guarda, por exemplo. Isso não significa que elas não tenham qualidade: apenas não têm espuma como um item de qualidade. A estabilidade da espuma, por sua vez, nos mostra a qualidade da bebida e é muito influenciada pela limpeza do copo. Um copo sujo, por exemplo, é capaz de derrubar a espuma de uma ótima cerveja. Para lavá-lo, o correto é usar apenas detergente neutro sem perfume e enxágue, com muita água. Para secá-lo internamente, não utilize nada, apenas deixe-o escorrer. Às mulheres, fica o aviso: *gloss* e batom colaboram para fazer com que o colarinho abaixe rapidamente, pois a gordura desses cosméticos "corta" a espuma.

Pilsen

Deve-se inclinar o copo a 45°. Conforme o líquido é servido, o copo retorna à vertical. Com um pequeno afastamento da garrafa, é preciso jorrar o líquido no centro do copo. O colarinho fica abundante e cremoso.

Ale

Com o copo inclinado a 45°, o líquido deve escorrer bem devagar pelas suas paredes internas. Quando metade do copo estiver preenchido, ele volta delicadamente para a vertical. O colarinho precisa ser de um dedo.

Hora de praticar

A degustação é um trabalho realizado em todas as cervejarias como forma de garantir a qualidade das bebidas produzidas. São inúmeros os equipamentos desenvolvidos para verificar as características de uma cerveja durante o processo de fabricação. No entanto, nenhum deles é melhor do que o ser humano. Por isso, dentro de uma cervejaria, a degustação é vista como uma arte e as pessoas responsáveis são treinadas e exercem essa tarefa para ajudar no desenvolvimento de novas cervejas e na garantia de que o consumidor desfrutará de uma bebida sensorialmente perfeita.

Para começar, é preciso escolher o copo certo. Por exemplo, uma cerveja do tipo Weissbier, de trigo, tem por característica a formação de uma espuma intensa. Com isso, a boca do copo deve ser apropriada para acomodar essa espuma. Uma cerveja de alta fermentação, normalmente, é mais aromática do que as de baixa fermentação, então o copo deve ter o formato mais aberto para facilitar a percepção de seus aromas.

Todos os nossos sentidos são ativados durante o processo de degustação: a visão é sensibilizada para apreciar a cor, a espuma e a transparência da cerveja; o olfato, para registrar os diferentes aromas; o paladar, para sentir os diferentes sabores e perceber quando uma cerveja é leve ou encorpada; o tato, para notar a temperatura correta; e, finalmente, a audição, para ouvir o estalar ao abrir uma lata, deglutir a cerveja e brindar com dois copos de cristal.

O copo é coadjuvante importante do cenário, na hora de degustar a cerveja. Cada um serve para determinados tipos da bebida.

Americano	Bolleke	Flute	Goblet ou Cálice	Lager	Mass
Nonic	Pilsener	Pint	Pokal	Shaker	Snifter
Stange ou Stick	Tulip	Tumbler	Weiss	Willybecher	Yard

AMAZON RIVER LAGER

Cerveja nacional, tipo American Lager, produzida pela Cervejaria Amazônia, em Belém, PA, de baixa fermentação e teor alcoólico declarado de 4,8%
COMPOSIÇÃO BÁSICA: água, malte de cevada e lúpulo
CARACTERÍSTICAS: coloração amarelo-ouro, límpida, espuma de boa formação e boa estabilidade, aroma de cereais maltados suave, com leve toque de cereal tostado, ligeiro amargor herbal e sensação residual refrescante

OBS:

DEGUSTADA EM:
___/___/___

AMSTEL PULSE

Cerveja holandesa, tipo American Lager, produzida pela Amstel Brouwerij, em Amsterdã, de baixa fermentação e teor alcoólico declarado de 4,7%
COMPOSIÇÃO BÁSICA: água, malte de cevada e lúpulo
CARACTERÍSTICAS: coloração amarelo-clara, límpida, espuma de boa formação e queda lenta, aroma de cereais, corpo suave, amargor delicado e harmonioso e sensação residual leve e refrescante

OBS:

DEGUSTADA EM:
___/___/___

ANTARCTICA MALZBIER

Cerveja nacional escura, forte, tipo Malzbier, produzida pela Ambev, de baixa fermentação e teor alcoólico declarado de 4%
COMPOSIÇÃO BÁSICA: água, malte de cevada, cereais não maltados, carboidratos, lúpulo e corante caramelo
CARACTERÍSTICAS: coloração negro-avermelhada, espuma intensa e de queda lenta, forte e adocicada, aroma de caramelo, amargor muito leve e sensação residual doce

OBS:

DEGUSTADA EM:
___/___/___

ANTARCTICA ORIGINAL

Cerveja nacional Pilsen clara, produzida pela Ambev, de baixa fermentação e teor alcoólico declarado de 5%
COMPOSIÇÃO BÁSICA: água, malte de cevada, cereais não maltados, carboidratos e lúpulo
CARACTERÍSTICAS: coloração amarelo-clara, espuma intensa e de queda lenta, corpo suave, aroma de cereais, amargor pronunciado e sensação residual agradavelmente amarga

OBS:

DEGUSTADA EM:
___/___/___

ANTARCTICA PILSEN

Cerveja nacional Pilsen clara, produzida pela Ambev, de baixa fermentação e teor alcoólico declarado de 4,9%
COMPOSIÇÃO BÁSICA: água, malte, cereais não maltados, carboidratos e lúpulo
CARACTERÍSTICAS: coloração amarelo-clara, espuma de boa formação e queda lenta, corpo leve, aroma de cereais, amargor pronunciado e sensação residual adstringente

OBS:

DEGUSTADA EM: ___/___/___

ANTARCTICA SUB ZERO

Cerveja nacional, tipo American Lager, produzida pela Ambev, de baixa fermentação e teor alcoólico declarado de 4,6%
COMPOSIÇÃO BÁSICA: água, malte de cevada, cereais não maltados, carboidratos e lúpulo
CARACTERÍSTICAS: coloração amarela bem clara, límpida, espuma de boa formação e queda lenta, aroma de cereais cozidos, corpo suave, amargor muito leve e sensação residual refrescante e de cereais

OBS:

DEGUSTADA EM: ___/___/___

ARSENALNOYE TRADITIONAL

Cerveja russa, tipo American Lager, produzida pela Baltika Breweries, em St Petersburg, do Grupo Carlsberg, de baixa fermentação e teor alcoólico declarado de 5,1%
COMPOSIÇÃO BÁSICA: água, malte de cevada, carboidratos e lúpulo
CARACTERÍSTICAS: coloração amarelo-ouro, límpida, espuma de boa formação e boa estabilidade, aroma de cereal maltado, encorpada, sabor de cereal, amargor suave e sensação residual seca e amarga

OBS:

DEGUSTADA EM: ___/___/___

ÁUSTRIA BIER PREMIUM AMBER

Cerveja nacional escura, tipo Amber, produzida pela Áustria Bier, em Nova Lima, MG, de baixa fermentação e teor alcoólico declarado de 4,5%
COMPOSIÇÃO BÁSICA: água, malte de cevada e lúpulo
CARACTERÍSTICAS: coloração marrom-avermelhada, espuma de boa formação e queda lenta, encorpada, aromas de cereais torrados e café, amargor equilibrado e sensação residual seca e amarga de malte torrado

OBS:

DEGUSTADA EM: ___/___/___

ÁUSTRIA BIER PREMIUM PILSEN

Cerveja nacional Pilsen clara, produzida pela Áustria Bier, em Nova Lima, MG, de baixa fermentação e teor alcoólico declarado de 4,5%
COMPOSIÇÃO BÁSICA: água, malte de cevada e lúpulo
CARACTERÍSTICAS: coloração amarelo-clara, espuma de boa formação e boa estabilidade, muito leve, aroma suave, amargor delicado e sensação residual refrescante e suave

OBS:

DEGUSTADA EM:
___/___/___

ÁUSTRIA BIER WEISS

Cerveja nacional clara, turva, tipo de trigo, produzida pela Áustria Bier, de alta fermentação e teor alcoólico declarado de 5,5%
COMPOSIÇÃO BÁSICA: água, malte de cevada, malte de trigo e lúpulo
CARACTERÍSTICAS: coloração amarelo-ouro, turva pela presença de fermento, espuma forte e consistente, suave, aroma de frutas, amargor equilibrado e sensação residual refrescante com sabor de cravo

OBS:

DEGUSTADA EM:
___/___/___

BACKER 3 LOBOS AMERICAN PILSEN

Cerveja nacional clara, tipo American Lager, produzida pela Cervejaria Backer, em Belo Horizonte, MG, de baixa fermentação e teor alcoólico declarado de 5%
COMPOSIÇÃO BÁSICA: água, malte de cevada, açúcar mascavo e lúpulo
CARACTERÍSTICAS: coloração amarelo-ouro intensa, límpida, espuma de boa formação e boa estabilidade, aroma intenso de lúpulo e leve de caramelo, adocicada e amarga, amargor adstringente e sensação residual agradavelmente amarga e seca

OBS:

DEGUSTADA EM:
___/___/___

BACKER 3 LOBOS AMERICAN WHEAT EXTERMINATOR

Cerveja nacional de trigo clara, turva, tipo Weizenbier, produzida pela Cervejaria Backer, de alta fermentação e teor alcoólico declarado de 4,8%
COMPOSIÇÃO BÁSICA: água, malte de cevada, flocos de trigo, capim-limão e lúpulo
CARACTERÍSTICAS: coloração amarelo-palha, turva pela presença de fermento, espuma intensa e de boa estabilidade, aroma ácido de frutas e de especiarias, sabor muito leve e adstringente, amargor suave e sensação residual refrescante e ácida

OBS:

DEGUSTADA EM:
___/___/___

BACKER 3 LOBOS BRAVO

Cerveja nacional escura, tipo Imperial Porter, produzida pela Cervejaria Backer, de baixa fermentação e teor alcoólico declarado de 9%
COMPOSIÇÃO BÁSICA: água, malte de cevada, açúcar mascavo e lúpulo
CARACTERÍSTICAS: coloração marrom-avermelhada, límpida, espuma de boa formação e boa estabilidade, aroma de malte torrado, caramelo e toffee, sabor adstringente de malte torrado e café, amargor harmonioso e sensação residual de aquecimento, amarga e seca

OBS:

DEGUSTADA EM:
___/___/___

BACKER 3 LOBOS PELE VERMELHA

Cerveja nacional âmbar, tipo India Pale Ale, produzida pela Cervejaria Backer, de alta fermentação e teor alcoólico declarado de 7%
COMPOSIÇÃO BÁSICA: água, malte de cevada, casca de laranja e lúpulo
CARACTERÍSTICAS: coloração âmbar-avermelhada, límpida, espuma de boa formação e persistente, aroma intenso de lúpulo, encorpada, adstringente e amarga, amargor herbal intenso e sensação residual de aquecimento, agradavelmente amarga

OBS:

DEGUSTADA EM:
___/___/___

BACKER BROWN

Cerveja nacional escura, tipo Brown, produzida pela Cervejaria Backer, de baixa fermentação e teor alcoólico declarado de 4,8%
COMPOSIÇÃO BÁSICA: água, malte de cevada, carboidratos, lúpulo e aroma natural de chocolate
CARACTERÍSTICAS: coloração castanho-escura, espuma muito intensa e firme, corpo leve, aroma agradável de chocolate, amargor de malte torrado e sensação residual adstringente

OBS:

DEGUSTADA EM:
___/___/___

BACKER MEDIEVAL

Cerveja nacional clara, tipo Blond Ale, produzida pela Cervejaria Backer, de alta fermentação e teor alcoólico declarado de 6,7%
COMPOSIÇÃO BÁSICA: água, malte de cevada e lúpulo
CARACTERÍSTICAS: coloração amarelo-ouro intensa, espuma de boa formação e queda lenta, aromas complexos frutado e herbal, encorpada e doce, amargor harmonioso e sensação residual agradavelmente amarga e alcoólica

OBS:

DEGUSTADA EM:
___/___/___

BACKER PALE ALE

Cerveja nacional clara, tipo Pale Ale, produzida pela Cervejaria Backer, de alta fermentação e teor alcoólico declarado de 4,8%
COMPOSIÇÃO BÁSICA: água, malte de cevada e lúpulo
CARACTERÍSTICAS: coloração castanho-escura, espuma de boa formação, encorpada, aroma frutado e complexo, amargor pronunciado e sensação residual adstringente e agradável

OBS:

DEGUSTADA EM:
___/___/___

BACKER PILSEN ALE

Cerveja nacional Pilsen clara, suave, produzida pela Cervejaria Backer, de baixa fermentação e teor alcoólico declarado de 4,8%
COMPOSIÇÃO BÁSICA: água, malte de cevada, carboidratos e lúpulo
CARACTERÍSTICAS: coloração amarelo-clara, espuma intensa e persistente, corpo leve, amargor pronunciado e sensação residual agradavelmente amarga

OBS:

DEGUSTADA EM:
___/___/___

BACKER TRIGO

Cerveja nacional clara de trigo, produzida pela Cervejaria Backer, não filtrada, de alta fermentação e teor alcoólico declarado de 4,8%
COMPOSIÇÃO BÁSICA: água, malte de cevada, malte de trigo e lúpulo
CARACTERÍSTICAS: coloração amarelo-ouro, turva, espuma de boa formação e queda lenta, encorpada, aroma frutado com notas de cravo, amargor forte e agradável e sensação residual refrescante

OBS:

DEGUSTADA EM:
___/___/___

BADEN BADEN 1999

Cerveja nacional escura, tipo Bitter Ale, produzida pela Cervejaria Baden Baden, do Grupo Schincariol, de alta fermentação e teor alcoólico declarado de 6%
COMPOSIÇÃO BÁSICA: água, malte de cevada, extrato de malte, caramelo e lúpulo
CARACTERÍSTICAS: coloração castanho-clara, espuma intensa e consistente, encorpada, forte, aroma complexo de frutas, amargor pronunciado e sensação residual amarga e de malte tostado

OBS:

DEGUSTADA EM:
___/___/___

BADEN BADEN BOCK

Cerveja nacional escura, forte, tipo Bock, produzida pela Cervejaria Baden Baden, do Grupo Schincariol, de baixa fermentação e teor alcoólico declarado de 6,5%
COMPOSIÇÃO BÁSICA: água, malte de cevada e lúpulo
CARACTERÍSTICAS: coloração castanho-avermelhada, espuma intensa e persistente, encorpada, aroma leve de malte torrado, amargor suave e sensação residual agradável de malte torrado

OBS:

DEGUSTADA EM:
___/___/___

BADEN BADEN CELEBRATION INVERNO 2008

Cerveja nacional escura, tipo Double Bock, forte, produzida pela Cervejaria Baden Baden, do Grupo Schincariol, de baixa fermentação e teor alcoólico declarado de 8,2%
COMPOSIÇÃO BÁSICA: água, malte de cevada, extrato de malte, açúcar mascavo e lúpulo
CARACTERÍSTICAS: coloração castanho-avermelhada, espuma intensa e de queda rápida, encorpada, aromas alcoólico e doce de malte, amargor pronunciado e sensação residual de malte tostado e alcoólico

OBS:

DEGUSTADA EM:
___/___/___

BADEN BADEN CRISTAL

Cerveja nacional Pilsen clara, produzida pela Cervejaria Baden Baden, do Grupo Schincariol, de baixa fermentação e teor alcoólico declarado de 5,5%
COMPOSIÇÃO BÁSICA: água, malte de cevada e lúpulo
CARACTERÍSTICAS: coloração amarelo-ouro, espuma de boa formação e queda lenta, encorpada, aroma pronunciado de malte, amargor suave e sensação residual marcante de malte

OBS:

DEGUSTADA EM:
___/___/___

BADEN BADEN GOLDEN ALE

Cerveja nacional clara, de trigo, tipo Ale, produzida pela Cervejaria Baden Baden, do Grupo Schincariol, de alta fermentação e teor alcoólico declarado de 4,5%
COMPOSIÇÃO BÁSICA: água, malte de cevada, malte de trigo, extrato de malte, carboidratos, canela, extrato natural de frutas silvestres e lúpulo
CARACTERÍSTICAS: coloração amarelo-ouro, espuma intensa e persistente, sabores doce e frutado, aroma forte de especiarias, amargor muito suave e sensação residual refrescante e doce

OBS:

DEGUSTADA EM:
___/___/___

BADEN BADEN RED ALE

Cerveja nacional clara, tipo Barley Wine, produzida pela Cervejaria Baden Baden, do Grupo Schincariol, de alta fermentação e teor alcoólico declarado de 9,2%
COMPOSIÇÃO BÁSICA: água, malte de cevada e lúpulo
CARACTERÍSTICAS: coloração vermelho-acobreada, espuma densa e firme, bastante encorpada, aroma intenso de malte torrado, amargor persistente e sensação residual marcante e seca

OBS: DEGUSTADA EM: ___/___/___

BADEN BADEN STOUT

Cerveja nacional escura, tipo Barley Wine, produzida pela Cervejaria Baden Baden, do Grupo Schincariol, de alta fermentação e teor alcoólico declarado de 7,5%
COMPOSIÇÃO BÁSICA: água, malte de cevada e lúpulo
CARACTERÍSTICAS: coloração negra, espuma cremosa e persistente, forte, aroma intenso de malte torrado, amargor pronunciado e picante e sensação residual de café torrado

OBS: DEGUSTADA EM: ___/___/___

BADEN BADEN TRIPEL

Cerveja nacional clara, forte, tipo Tripel, produzida pela Cervejaria Baden Baden, do Grupo Schincariol, de baixa fermentação e teor alcoólico declarado de 14%
COMPOSIÇÃO BÁSICA: água, malte de cevada, cereais não maltados, carboidratos e lúpulo
CARACTERÍSTICAS: coloração castanho-clara avermelhada, espuma de boa formação e queda lenta, forte e licorosa, aromas adocicado e frutado, amargor suave e sensação residual adocicada e alcoólica

OBS: DEGUSTADA EM: ___/___/___

BADEN BADEN WEISS

Cerveja nacional clara, turva, de trigo, produzida pela Cervejaria Baden Baden, do Grupo Schincariol, de alta fermentação e teor alcoólico declarado de 5,2%
COMPOSIÇÃO BÁSICA: água, malte de cevada, malte de trigo e lúpulo
CARACTERÍSTICAS: coloração amarelo-ouro, turva pela presença de fermento, espuma intensa e firme, encorpada, aroma de especiarias, amargor suave e sensação residual agradavelmente refrescante

OBS: DEGUSTADA EM: ___/___/___

BALTIKA 3 CLASSIC

Cerveja russa clara, tipo American Lager, produzida pela Baltika Breweries, em St Petersburg, do Grupo Carlsberg, de baixa fermentação e teor alcoólico declarado de 4,8%
COMPOSIÇÃO BÁSICA: água, malte de cevada e lúpulo
CARACTERÍSTICAS: coloração amarelo-clara, límpida, espuma de boa formação e média duração, aroma de cereal maltado suave, com nota de cereal tostado, amargor muito suave e sensação residual refrescante

OBS:

DEGUSTADA EM:
___/___/___

BALTIKA 4 ORIGINAL

Cerveja russa escura, tipo Dark American Lager, produzida pela Baltika Breweries, do Grupo Carlsberg, de baixa fermentação e teor alcoólico declarado de 5.6%
COMPOSIÇÃO BÁSICA: água, malte de cevada, malte de centeio e lúpulo
CARACTERÍSTICAS: coloração avermelhada, límpida, espuma intensa e persistente, aroma de malte caramelo e cereais maltados, encorpada com sabor de malte tostado, amargor pronunciado e sensação residual adocicada de caramelo e seca

OBS:

DEGUSTADA EM:
___/___/___

BALTIKA 5 GOLD LAGER

Cerveja russa clara, tipo American Lager, produzida pela Baltika Breweries, do Grupo Carlsberg, de baixa fermentação e teor alcoólico declarado de 5,2%
COMPOSIÇÃO BÁSICA: água, malte de cevada e lúpulo
CARACTERÍSTICAS: coloração amarelo-clara, límpida, espuma de boa formação e média estabilidade, aroma de cereal maltado, leve, amargor muito suave e sensação residual refrescante e levemente amarga

OBS:

DEGUSTADA EM:
___/___/___

BALTIKA 6 PORTER

Cerveja russa escura, tipo Porter, produzida pela Baltika Breweries, do Grupo Carlsberg, de baixa fermentação e teor alcoólico declarado de 7%
COMPOSIÇÃO BÁSICA: água, malte de cevada, malte escuro, caramelo e lúpulo
CARACTERÍSTICAS: coloração marrom-escura, límpida, espuma intensa e persistente, aroma de cereal torrado, café e toffee, encorpada com sabor de café, amargor adstringente e sensação residual de malte tostado

OBS:

DEGUSTADA EM:
___/___/___

BALTIKA 7 PREMIUM

Cerveja russa clara, tipo Export, produzida pela Baltika Breweries, do Grupo Carlsberg, de baixa fermentação e teor alcoólico declarado de 5,4%
COMPOSIÇÃO BÁSICA: água, malte de cevada e lúpulo
CARACTERÍSTICAS: coloração amarelo-clara, límpida, espuma de boa formação e média estabilidade, aroma de lúpulo, sabor equilibrado entre malte e lúpulo, amargor suave e sensação residual refrescante e seca

OBS: DEGUSTADA EM:
                                                                                          ___/___/___

BALTIKA 8 WHEAT BEER

Cerveja russa de trigo clara, tipo Weizenbier, produzida pela Baltika Breweries, do Grupo Carlsberg, de alta fermentação e teor alcoólico declarado de 5%
COMPOSIÇÃO BÁSICA: água, malte de cevada, malte de trigo e lúpulo
CARACTERÍSTICAS: coloração amarelo-ouro, turva pela presença de fermento, espuma intensa e média persistência, aroma frutal e de cravo, sabor picante com notas de frutas, amargor balanceado e sensação residual refrescante levemente ácida

OBS: DEGUSTADA EM:
                                                                                          ___/___/___

BALTIKA 9 EXTRA

Cerveja russa clara, tipo Strong Pale Lager, produzida pela Baltika Breweries, do Grupo Carlsberg, de baixa fermentação (natural segundo o site oficial) e teor alcoólico declarado de 8%
COMPOSIÇÃO BÁSICA: água, malte de cevada e lúpulo
CARACTERÍSTICAS: coloração amarelo-ouro, límpida, espuma intensa de baixa estabilidade, aroma de álcool e de caramelo, encorpada e adocicada, amargor leve e sensação residual adocicada e de aquecimento

OBS: DEGUSTADA EM:
                                                                                          ___/___/___

BALTIKA COOLER

Cerveja russa, tipo American Lager, produzida pela Baltika Breweries, do Grupo Carlsberg, de baixa fermentação e teor alcoólico declarado de 4,8%
COMPOSIÇÃO BÁSICA: água, malte de cevada, cereais não maltados e lúpulo
CARACTERÍSTICAS: coloração dourada clara, límpida, espuma de boa formação e queda lenta, aroma de cereais e de lúpulo, suave com sabor adocicado, amargor harmonioso e sensação residual refrescante e doce

OBS: DEGUSTADA EM:
                                                                                          ___/___/___

BAMBERG ALT BIER

Cerveja nacional escura, tipo Alt, produzida pela Cervejaria Bamberg, em Votorantim, SP, de alta fermentação e teor alcoólico declarado de 4,8%
COMPOSIÇÃO BÁSICA: água, malte de cevada, malte de trigo e lúpulo
CARACTERÍSTICAS: coloração castanho-avermelhada, espuma de boa formação e queda lenta, encorpada, aroma frutado, amargor intenso e adstringente e sensação residual de malte torrado e lúpulo

OBS:

DEGUSTADA EM:
___/___/___

BAMBERG BOCK

Cerveja nacional escura, tipo Bock, forte, produzida pela Cervejaria Bamberg, em Votorantim, SP, de baixa fermentação e teor alcoólico declarado de 6,5%
COMPOSIÇÃO BÁSICA: água, malte de cevada e lúpulo
CARACTERÍSTICAS: coloração castanho-avermelhada intensa, espuma intensa e persistente, encorpada, aroma alcoólico e frutado, amargor pronunciado, sensação residual agradável e persistente de malte e álcool

OBS:

DEGUSTADA EM:
___/___/___

BAMBERG MÜNCHEN

Cerveja nacional Pilsen escura, tipo Munique, produzida pela Cervejaria Bamberg, de baixa fermentação e teor alcoólico declarado de 4,8%
COMPOSIÇÃO BÁSICA: água, malte de cevada e lúpulo
CARACTERÍSTICAS: coloração castanho-avermelhada, espuma de boa formação e queda lenta, levemente adocicada, aromas de toffee e malte tostado, amargor muito suave e sensação residual amarga de malte torrado

OBS:

DEGUSTADA EM:
___/___/___

BAMBERG PILSEN

Cerveja nacional Pilsen clara, produzida pela Cervejaria Bamberg, de baixa fermentação e teor alcoólico declarado de 4,8%
COMPOSIÇÃO BÁSICA: água, malte de cevada e lúpulo
CARACTERÍSTICAS: coloração amarelo-ouro, espuma intensa e persistente, encorpada, agradavelmente amarga e sensação residual encorpada e amarga

OBS:

DEGUSTADA EM:
___/___/___

BAMBERG RAUCHBIER

Cerveja nacional escura, tipo Rauchbier, produzida pela Cervejaria Bamberg, de baixa fermentação e teor alcoólico declarado de 4,8%
COMPOSIÇÃO BÁSICA: água, malte de cevada e lúpulo
CARACTERÍSTICAS: coloração negro-avermelhada, espuma forte e consistente, aromas doce e defumado, encorpada e amarga, amargor pronunciado e sensação residual amarga e seca

OBS:

DEGUSTADA EM:
___/___/___

BAMBERG SCHWARZBIER

Cerveja nacional Pilsen escura, tipo Schwarzbier, produzida pela Cervejaria Bamberg, de baixa fermentação e teor alcoólico declarado de 4,8%
COMPOSIÇÃO BÁSICA: água, malte de cevada e lúpulo
CARACTERÍSTICAS: coloração negra com fundo avermelhado, espuma intensa e persistente, aroma de malte torrado, adstringente, amargor muito leve e sensação residual de café e malte tostado com um toque de toffee

OBS:

DEGUSTADA EM:
___/___/___

BAMBERG TCHECA

Cerveja nacional Pilsen clara, produzida pela Cervejaria Bamberg, de baixa fermentação e teor alcoólico declarado de 5,4%
COMPOSIÇÃO BÁSICA: água, malte de cevada e lúpulo
CARACTERÍSTICAS: coloração amarelo-ouro, espuma intensa e firme, encorpada, forte, aroma fino de lúpulo, amargor pronunciado e sensação residual de cereais e agradavelmente amarga

OBS:

DEGUSTADA EM:
___/___/___

BAMBERG WEIZEN

Cerveja nacional clara, turva, tipo de trigo, produzida pela Cervejaria Bamberg, de alta fermentação e teor alcoólico declarado de 4,8%
COMPOSIÇÃO BÁSICA: água, malte de cevada, malte de trigo e lúpulo
CARACTERÍSTICAS: coloração amarelo-ouro, turva pela presença de fermento, espuma intensa e densa, leve, aroma suave de especiarias, amargor muito suave e sensação residual cítrica refrescante

OBS:

DEGUSTADA EM:
___/___/___

BARLEY CERVEJA PILSEN

Cerveja nacional clara, tipo American Lager, produzida pela Micro Cervejaria Barley Ltda, em Capela de Santana, RS, de baixa fermentação e teor alcoólico declarado de 4,7%
COMPOSIÇÃO BÁSICA: água, malte de cevada e lúpulo
CARACTERÍSTICAS: coloração amarelo-ouro, turva com sedimento no fundo, espuma de boa formação e queda lenta, aroma de cereais maltados, amargor suave, leve e sensação residual refrescante e levemente ácida

OBS: DEGUSTADA EM: ___/___/___

BARLEY CHOPP AMBAR

Cerveja nacional âmbar, tipo Amber Lager/Munique, produzida pela Micro Cervejaria Barley Ltda, de baixa fermentação e teor alcoólico declarado de 5,6%
COMPOSIÇÃO BÁSICA: água, malte de cevada, carboidratos e lúpulo
CARACTERÍSTICAS: coloração âmbar, turva com sedimento no fundo, espuma de boa formação e queda lenta, aroma de cereais torrados e nozes, sabor adocicado e de toffee, amargor muito suave e sensação residual adstringente e seca

OBS: DEGUSTADA EM: ___/___/___

BARLEY CHOPP CRISTAL

Cerveja nacional clara, tipo American Lager, produzida pela Micro Cervejaria Barley Ltda, de baixa fermentação e teor alcoólico declarado de 4,7%
COMPOSIÇÃO BÁSICA: água, malte de cevada, carboidratos e lúpulo
CARACTERÍSTICAS: coloração amarelo-clara, levemente turva com pouco sedimento, espuma de boa formação e média estabilidade, amargor muito suave, aroma ácido e de ésteres de fermentação, sabor leve e sensação residual refrescante

OBS: DEGUSTADA EM: ___/___/___

BARLEY CHOPP NATURAL

Cerveja nacional clara, tipo American Lager, produzida pela Micro Cervejaria Barley Ltda, de baixa fermentação e teor alcoólico declarado de 4,7%
COMPOSIÇÃO BÁSICA: água, malte de cevada, carboidratos e lúpulo
CARACTERÍSTICAS: coloração amarelo-clara, turva com sedimento no fundo, espuma intensa e persistente, aroma de cereais maltados e cozidos, amargor suave, sabor adocicado e sensação residual refrescante

OBS: DEGUSTADA EM: ___/___/___

BARLEY CHOPP WEISS

Cerveja nacional de trigo clara, tipo Hefeweissbier, produzida pela Micro Cervejaria Barley Ltda, de alta fermentação e teor alcoólico declarado de 5,3%
COMPOSIÇÃO BÁSICA: água, malte de cevada, malte de trigo, carboidratos e lúpulo
CARACTERÍSTICAS: coloração amarelo-ouro, turva pela presença de fermento, espuma intensa e de queda lenta, aroma ácido e de ésteres de frutas, amargor cítrico muito suave, sabor leve e sensação residual refrescante e ácida

OBS:

DEGUSTADA EM: ___/___/___

BARNEY FLATS OATMEAL STOUT

Cerveja norte-americana, tipo Oatmeal Stout, produzida pela Anderson Valley, em Boonville, de alta fermentação e teor alcoólico declarado de 5,7%
COMPOSIÇÃO BÁSICA: água, malte de cevada e lúpulo
CARACTERÍSTICAS: coloração negra, espuma cremosa e persistente, corpo baixo e cremoso, aromas de café, chocolate e madeira, amargor suave e adstringente e sensação residual seca, adocicada e de aquecimento

OBS:

DEGUSTADA EM: ___/___/___

BATEMAN'S COMBINED HARVEST

Cerveja inglesa clara, tipo Pale Ale Multigrain, produzida pela Bateman's Brewery, em Lince, de alta fermentação e teor alcoólico declarado de 4,7%
COMPOSIÇÃO BÁSICA: água, malte de cevada, trigo, aveia, centeio e lúpulo
CARACTERÍSTICAS: coloração amarelo-ouro intensa, espuma de boa formação e queda lenta, aroma adocicado de cereais maltados, corpo suave, amargor leve e sensação residual refrescante e suave

OBS:

DEGUSTADA EM: ___/___/___

BATEMAN'S DARK LORD

Cerveja inglesa escura, tipo Dark Ruby Beer, produzida pela Bateman's Brewery, de alta fermentação e teor alcoólico declarado de 5%
COMPOSIÇÃO BÁSICA: água, malte de cevada e lúpulo
CARACTERÍSTICAS: coloração vermelha intensa, espuma cremosa e persistente, aroma de especiarias, encorpada, amargor mediano e sensação residual adstringente, picante e de malte tostado

OBS:

DEGUSTADA EM: ___/___/___

BATEMAN'S TRIPLE XB (XXXB)

Cerveja inglesa escura, tipo Premium Pale Ale, produzida pela Bateman's Brewery, de alta fermentação e teor alcoólico declarado de 4,8%
COMPOSIÇÃO BÁSICA: água, malte de cevada, trigo e lúpulo
CARACTERÍSTICAS: coloração castanha, espuma intensa e consistente, aroma de cereal maltado e especiarias, corpo moderado, amargor equilibrado e sensação residual agradavelmente amarga e frutada

OBS:

DEGUSTADA EM:
___/___/___

BATEMAN'S VICTORY ALE

Cerveja inglesa escura, tipo Strong Pale Ale, produzida pela Bateman's Brewery, de alta fermentação e teor alcoólico declarado de 6%
COMPOSIÇÃO BÁSICA: água, malte de cevada e lúpulo
CARACTERÍSTICAS: coloração castanho-avermelhada, espuma intensa e de boa estabilidade, aromas complexos de malte e especiarias, encorpada e adstringente, amargor pronunciado e sensação residual alcoólica e de malte

OBS:

DEGUSTADA EM:
___/___/___

BAUHAUS

Cerveja nacional Pilsen clara, produzida pela Cervejaria Premium, em Frutal, MG, de baixa fermentação e teor alcoólico declarado de 5,1%
COMPOSIÇÃO BÁSICA: água, malte de cevada e lúpulo
CARACTERÍSTICAS: coloração amarelo-ouro, espuma intensa e fina, levemente encorpada, aroma suave de lúpulo, amargor harmonioso e sensação residual refrescante e amarga

OBS:

DEGUSTADA EM:
___/___/___

BAVARIA 8.6

Cerveja holandesa Pilsen clara, forte, produzida pela Bavaria Holland Brewery, em Lieshout, de baixa fermentação e teor alcoólico declarado de 7,9%
COMPOSIÇÃO BÁSICA: água mineral, malte de cevada, trigo e lúpulo
CARACTERÍSTICAS: coloração amarelo-ouro intensa, espuma cremosa e firme, encorpada, aroma agradável de malte, amargor marcante e harmônico e sensação residual suave de lúpulo

OBS:

DEGUSTADA EM:
___/___/___

BAVARIA 8.6 RED

Cerveja holandesa avermelhada, produzida pela Bavaria Holland Brewery, de baixa fermentação e teor alcoólico declarado de 7,9%
COMPOSIÇÃO BÁSICA: água mineral, malte de cevada, trigo e lúpulo
CARACTERÍSTICAS: coloração castanho-avermelhada, espuma intensa e persistente, corpo leve e adocicado, aroma delicado, amargor suave e sensação residual refrescante de caramelo

OBS:

DEGUSTADA EM:
___/___/___

BAVARIA PILSEN ORIGINAL

Cerveja nacional Pilsen clara, produzida pela Heineken Brasil, de baixa fermentação e teor alcoólico declarado de 4,6%
COMPOSIÇÃO BÁSICA: água, malte de cevada, cereais não maltados, carboidratos transformados e lúpulo
CARACTERÍSTICAS: coloração amarelo-ouro, espuma de formação intensa e queda lenta, leve, aroma suave, amargor delicado e sensação residual agradável

OBS:

DEGUSTADA EM:
___/___/___

BAVARIA PREMIUM

Cerveja nacional Pilsen clara, produzida pela Heineken Brasil, de baixa fermentação e teor alcoólico declarado de 4,8%
COMPOSIÇÃO BÁSICA: água, malte de cevada e lúpulo
CARACTERÍSTICAS: coloração amarelo-ouro, espuma de boa formação e persistente, encorpada, aroma delicado de lúpulo, ligeiramente amarga e sensação residual agradavelmente amarga

OBS:

DEGUSTADA EM:
___/___/___

BAVARIA SEM ÁLCOOL

Cerveja nacional clara, tipo Pilsen, sem álcool, produzida pelo Grupo FEMSA, em Ponta Grossa, PR, de baixa fermentação e teor alcoólico declarado menor que 0,5%
COMPOSIÇÃO BÁSICA: água, malte de cevada, cereais não maltados e lúpulo
CARACTERÍSTICAS: coloração amarelo-clara, límpida, espuma de boa formação e boa estabilidade, aroma suave de cereais cozidos, leve e de sabor adocicado, amargor adstringente e sensação residual adocicada e persistente

OBS:

DEGUSTADA EM:
___/___/___

BECK DOM MALZBIER

Cerveja nacional Pilsen escura, tipo Malzbier, produzida pela Allston Brew, em Jataizinho, PR, de baixa fermentação e teor alcoólico declarado de 3,6%
COMPOSIÇÃO BÁSICA: água, malte de cevada, cereais não maltados, carboidratos, corante caramelo e lúpulo
CARACTERÍSTICAS: coloração negro-avermelhada, espuma intensa e cremosa, suave, adocicada e encorpada, amargor de caramelo e sensação residual doce e de malte torrado

OBS: DEGUSTADA EM: ___/___/___

BECK DOM PILSEN

Cerveja nacional Pilsen clara, produzida pela Allston Brew, de baixa fermentação e teor alcoólico declarado de 4,7%
COMPOSIÇÃO BÁSICA: água, malte de cevada, cereais não maltados, carboidratos e lúpulo
CARACTERÍSTICAS: coloração amarelo-clara, espuma intensa e de queda lenta, suave, aroma de cereais maltados, amargor leve e sensação residual refrescante

OBS: DEGUSTADA EM: ___/___/___

BECK'S

Cerveja alemã Pilsen clara, produzida pela Brauerei Beck, em Bremen, de baixa fermentação e teor alcoólico declarado de 5%
COMPOSIÇÃO BÁSICA: água, malte de cevada e lúpulo
CARACTERÍSTICAS: coloração amarelo-ouro, espuma intensa e firme, encorpada, aroma de cereais, amargor pronunciado e sensação residual refrescante e agradavelmente amarga

OBS: DEGUSTADA EM: ___/___/___

BIÈRE DU DESERT

Cerveja francesa, tipo Specialty Beer, produzida pela Les Brasseurs de Gayant, em Douai, de baixa fermentação e teor alcoólico declarado de 7,2%
COMPOSIÇÃO BÁSICA: água, malte de cevada, trigo, cereais não maltados, carboidratos e lúpulo
CARACTERÍSTICAS: coloração amarelo-clara, límpida, espuma de boa formação e estabilidade, aroma suave de cereais maltados, sabor levemente alcoólico, corpo médio-baixo, amargor suave e sensação residual refrescante e de aquecimento

OBS: DEGUSTADA EM: ___/___/___

BIERLAND BOCK

Cerveja nacional Pilsen escura, tipo Bock, produzida pela Cervejaria Bierland, em Blumenau, SC, de baixa fermentação e teor alcoólico declarado de 5,8%
COMPOSIÇÃO BÁSICA: água, malte de cevada e lúpulo
CARACTERÍSTICAS: coloração marrom-avermelhada, espuma intensa e de queda lenta, aroma de cereais torrados, encorpada, amargor suave e sensação residual de malte tostado com um toque de toffee

OBS:

DEGUSTADA EM:
___/___/___

BIERLAND IMPERIAL STOUT

Cerveja nacional escura, tipo Imperial Stout, produzida pela Cervejaria Bierland, de alta fermentação e teor alcoólico declarado de 7%
COMPOSIÇÃO BÁSICA: água, malte de cevada, açúcar mascavo e lúpulo
CARACTERÍSTICAS: coloração negra, espuma de boa formação e baixa estabilidade, aroma de malte torrado, chocolate e café, sabor adocicado e frutado, amargor adstringente de malte torrado e sensação residual adstringente e seca

OBS:

DEGUSTADA EM:
___/___/___

BIERLAND PALE ALE

Cerveja nacional, tipo English Pale Ale, produzida pela Cervejaria Bierland, de alta fermentação e teor alcoólico declarado de 4,8%
COMPOSIÇÃO BÁSICA: água, malte de cevada e lúpulo
CARACTERÍSTICAS: coloração âmbar-acobreada, límpida, espuma de boa formação e persistente, aromas adocicado e frutado, corpo médio, sabor de cereal maltado, amargor muito leve e sensação residual agradável de malte tostado e caramelo

OBS:

DEGUSTADA EM:
___/___/___

BIERLAND PILSEN

Cerveja nacional Pilsen clara, produzida pela Cervejaria Bierland, de baixa fermentação e teor alcoólico declarado de 4,8%
COMPOSIÇÃO BÁSICA: água, malte de cevada e lúpulo
CARACTERÍSTICAS: coloração amarelo-ouro, espuma intensa e firme, aroma de cereais, corpo leve, amargor suave e sensação residual refrescante e levemente adstringente

OBS:

DEGUSTADA EM:
___/___/___

BIERLAND STRONG GOLDEN ALE

Cerveja nacional avermelhada, refermentada na garrafa, tipo Belgian Strong Ale, produzida pela Cervejaria Bierland, de alta fermentação e teor alcoólico declarado de 9%
COMPOSIÇÃO BÁSICA: água, malte de cevada, carboidratos e lúpulo
CARACTERÍSTICAS: coloração âmbar-avermelhada, turva pela presença de fermento, espuma de boa formação e boa estabilidade, aroma complexo de frutas, torrefação e álcool, encorpada e aveludada, amargor harmonioso e sensação residual adocicada e alcoólica

OBS: **DEGUSTADA EM:** ___/___/___

BIERLAND VIENNA

Cerveja nacional avermelhada, tipo Vienna Lager, produzida pela Cervejaria Bierland, de baixa fermentação e teor alcoólico declarado de 5,4%
COMPOSIÇÃO BÁSICA: água, malte de cevada e lúpulo
CARACTERÍSTICAS: coloração âmbar, levemente turva, espuma intensa e de boa estabilidade, aromas de maltes tostados e frutas, encorpada com sabor de cereais maltados, amargor herbal harmonioso e sensação residual adocicada e aveludada

OBS: **DEGUSTADA EM:** ___/___/___

BIERLAND WEIZEN

Cerveja nacional clara, tipo Weizenbier, produzida pela Cervejaria Bierland, de alta fermentação e teor alcoólico declarado de 4,8%
COMPOSIÇÃO BÁSICA: água, malte de cevada, trigo e lúpulo
CARACTERÍSTICAS: coloração amarelo-ouro, turva pela refermentação na garrafa, espuma intensa e cremosa, aroma de ésteres, corpo suave, amargor harmonioso e sensação residual refrescante e levemente adstringente

OBS: **DEGUSTADA EM:** ___/___/___

BIRRA DUAN AMBRATA

Cerveja italiana, tipo Belgian Pale Ale, produzida pelo Birrificio Artigiano Brjo., de alta fermentação e teor alcoólico declarado de 5,5%
COMPOSIÇÃO BÁSICA: água, malte de cevada, aveia, trigo e lúpulo
CARACTERÍSTICAS: coloração âmbar-acobreada, turva, espuma intensa e persistente, aromas de cereal maltado e toffee, corpo médio-baixo, amargor suave e harmonioso e sensação residual refrescante e de cereais tostados

OBS: **DEGUSTADA EM:** ___/___/___

BIRRA MORETTI

Cerveja italiana, tipo American Lager, produzida pela Birra Moretti, em Milão, de baixa fermentação e teor alcoólico declarado de 4,6%
COMPOSIÇÃO BÁSICA: água, malte de cevada, cereais não maltados e lúpulo
CARACTERÍSTICAS: coloração dourada, límpida, espuma de boa formação e boa estabilidade, aroma de cereais maltados, corpo médio-baixo, amargor suave e sensação residual agradável e levemente amarga

OBS: DEGUSTADA EM: ___/___/___

BITBURGER PREMIUM PILS

Cerveja alemã Pilsen clara, produzida pela Bitburger Brauerei, de baixa fermentação e teor alcoólico declarado de 4,8%
COMPOSIÇÃO BÁSICA: água, malte de cevada e lúpulo
CARACTERÍSTICAS: coloração amarelo-ouro, espuma intensa e firme, encorpada e amarga, aroma fino de lúpulo, amargor pronunciado e sensação residual persistente e agradável de lúpulo

OBS: DEGUSTADA EM: ___/___/___

BLACK PRINCESS 1882

Cerveja nacional Pilsen escura, produzida pela Cervejaria Petrópolis, em Teresópolis, RJ, de baixa fermentação e teor alcoólico declarado de 4,8%
COMPOSIÇÃO BÁSICA: água, malte de cevada, cereais não maltados, carboidratos, corante caramelo e lúpulo
CARACTERÍSTICAS: coloração negro-avermelhada, espuma intensa e firme, levemente encorpada, aroma suave de malte tostado, amargor equilibrado e sensação residual refrescante e de cereal torrado

OBS: DEGUSTADA EM: ___/___/___

BLACK PRINCESS GOLD

Cerveja nacional Pilsen clara, produzida pela Cervejaria Petrópolis, de baixa fermentação e teor alcoólico declarado de 4,7%
COMPOSIÇÃO BÁSICA: água, malte de cevada e lúpulo
CARACTERÍSTICAS: coloração amarelo-ouro, espuma de boa formação e queda lenta, leve, aroma suave de cereais maltados, amargor suave e sensação residual refrescante e agradável

OBS: DEGUSTADA EM: ___/___/___

BLANCHE DE BRUXELLES

Cerveja belga clara, de trigo, produzida pela Brasserie Lefebvre, em Quenast, de alta fermentação e teor alcoólico declarado de 4,5%
COMPOSIÇÃO BÁSICA: água, malte de cevada, trigo, *coriander* (condimento que pode ser traduzido por cilantro ou petersille), curaçao e lúpulo
CARACTERÍSTICAS: coloração amarelo-palha, turva pela refermentação na garrafa, espuma intensa e persistente, aromas frutado e cítrico, corpo suave, amargor agradável e sensação residual refrescante e cítrica

OBS: DEGUSTADA EM: ___/___/___

BOCK DAMM

Cerveja espanhola Pilsen escura, tipo Bock, produzida pela Damm, em Barcelona, de baixa fermentação e teor alcoólico declarado de 5,4%
COMPOSIÇÃO BÁSICA: água, malte de cevada, cereais não maltados e lúpulo
CARACTERÍSTICAS: coloração negro-avermelhada, espuma intensa e de queda lenta, aromas de malte torrado e café, suave e adstringente, amargor muito leve e sensação residual adstringente de malte tostado e café

OBS: DEGUSTADA EM: ___/___/___

BODEBROWN HEFE-WEISSE

Cerveja nacional de trigo, tipo Weizenbier, produzida pela Cervejaria & Escola Bodebrown, em Curitiba, PR, de alta fermentação e teor alcoólico declarado de 5%
COMPOSIÇÃO BÁSICA: água, malte de cevada, malte de trigo e lúpulo
CARACTERÍSTICAS: coloração amarelo-clara, espuma intensa e persistente, turva pela presença de fermento, aromas de ésteres e baunilha, corpo suave e ácido, amargor suave e sensação residual adstringente de fermento

OBS: DEGUSTADA EM: ___/___/___

BOHEMIA CONFRARIA

Cerveja nacional clara, forte, tipo Abadia, produzida pela Ambev, de alta fermentação e teor alcoólico declarado de 6,2%
COMPOSIÇÃO BÁSICA: água, malte de cevada, aveia, cereais não maltados, carboidratos e lúpulo
CARACTERÍSTICAS: coloração castanho-clara, espuma intensa e firme, encorpada e adocicada, aroma de especiarias com notas de cravo, amargor suave e sensação residual aveludada

OBS: DEGUSTADA EM: ___/___/___

BOHEMIA ESCURA

Cerveja nacional escura, tipo Schwarzbier, produzida pela Ambev, de baixa fermentação e teor alcoólico declarado de 5%
COMPOSIÇÃO BÁSICA: água, malte de cevada, cereais não maltados, carboidratos e lúpulo
CARACTERÍSTICAS: coloração negro-avermelhada, espuma intensa e firme, corpo suave, aroma de malte torrado, amargor muito leve e sensação residual refrescante

OBS: DEGUSTADA EM: ___/___/___

BOHEMIA PILSEN

Cerveja nacional Pilsen clara, produzida pela Ambev, de baixa fermentação e teor alcoólico declarado de 5%
COMPOSIÇÃO BÁSICA: água, malte de cevada, cereais não maltados, carboidratos e lúpulo
CARACTERÍSTICAS: coloração amarelo-clara, espuma intensa e de queda lenta, encorpada, aroma de cereais, amargor equilibrado e sensação residual agradavelmente amarga

OBS: DEGUSTADA EM: ___/___/___

BOHEMIA WEISS

Cerveja de trigo nacional clara, tipo Weizenbier, produzida pela Ambev, de alta fermentação e teor alcoólico declarado de 5,6%
COMPOSIÇÃO BÁSICA: água, malte de cevada, malte de trigo, cereais não maltados e lúpulo
CARACTERÍSTICAS: coloração amarelo-ouro, turva pela presença de fermento, espuma intensa e firme, encorpada, aromas de frutas e fermento, amargor suave e harmônico e sensação residual refrescante

OBS: DEGUSTADA EM: ___/___/___

BOONT AMBER ALE

Cerveja norte-americana, tipo Amber Ale, produzida pela Anderson Valley, em Boonville, de alta fermentação e teor alcoólico declarado de 5,8%
COMPOSIÇÃO BÁSICA: água, malte de cevada e lúpulo
CARACTERÍSTICAS: coloração âmbar, levemente turva, espuma de boa formação e boa estabilidade, aromas de caramelo e malte tostado, corpo médio levemente adocicado, amargor harmonioso e sensação residual seca e adocicada

OBS: DEGUSTADA EM: ___/___/___

BOONT ESB

Cerveja norte-americana, tipo English Pale Ale, produzida pela Anderson Valley, de alta fermentação e teor alcoólico declarado de 6,8%
COMPOSIÇÃO BÁSICA: água, malte de cevada e lúpulo
CARACTERÍSTICAS: coloração amarelo-ouro escuro, levemente turva, espuma de boa formação e persistente, corpo médio-alto, aroma de lúpulo herbal, refrescante, sabor maltado, amargor intenso e sensação residual de amargor intenso e seco

OBS:

DEGUSTADA EM: ___/___/___

BOSSA NOVA

Cerveja nacional Pilsen clara, produzida pela Frevo Brasil, em Recife, PE, de baixa fermentação e teor alcoólico declarado de 4,7%
COMPOSIÇÃO BÁSICA: água, malte de cevada, carboidratos e lúpulo
CARACTERÍSTICAS: coloração amarelo-clara, espuma intensa e de boa estabilidade, encorpada, aroma de cereais cozidos, amargor delicado e sensação residual refrescante e suave

OBS:

DEGUSTADA EM: ___/___/___

BRAHMA BOCK

Cerveja nacional escura, forte, tipo Bock, produzida pela Ambev, de baixa fermentação e teor alcoólico declarado de 6%
COMPOSIÇÃO BÁSICA: água, malte de cevada, cereais não maltados, carboidratos, lúpulo e corante caramelo
CARACTERÍSTICAS: coloração castanho-avermelhada, espuma intensa e firme, encorpada, aroma de cereais, amargor muito leve e sensação residual de malte torrado

OBS:

DEGUSTADA EM: ___/___/___

BRAHMA CHOPP

Cerveja nacional Pilsen clara, produzida pela Ambev, de baixa fermentação e teor alcoólico declarado de 4,8%
COMPOSIÇÃO BÁSICA: água, malte de cevada, cereais não maltados, carboidratos e lúpulo
CARACTERÍSTICAS: coloração amarelo-clara, espuma de boa formação e queda lenta, corpo leve, aroma de cereais, suavemente amarga e sensação residual agradável de amargor de lúpulo

OBS:

DEGUSTADA EM: ___/___/___

BRAHMA EXTRA

Cerveja nacional Pilsen clara, tipo Extra, produzida pela Ambev, de baixa fermentação e teor alcoólico declarado de 5,5%
COMPOSIÇÃO BÁSICA: água, malte de cevada, cereais não maltados, carboidratos e lúpulo
CARACTERÍSTICAS: coloração amarelo-ouro brilhante, espuma de boa formação e persistente, encorpada, aroma de malte, amargor pronunciado e sensação residual agradavelmente amarga

OBS: DEGUSTADA EM: ___/___/___

BRAHMA LIGHT

Cerveja nacional Pilsen clara, leve, produzida pela Ambev, de baixa fermentação e teor alcoólico declarado de 3%
COMPOSIÇÃO BÁSICA: água, malte de cevada, cereais não maltados, carboidratos e lúpulo
CARACTERÍSTICAS: coloração amarelo-clara, espuma de boa formação e queda lenta, corpo muito leve, aroma delicado de cereais, amargor suave e sensação residual muito leve

OBS: DEGUSTADA EM: ___/___/___

BRAHMA MALZBIER

Cerveja nacional escura, forte, tipo Malzbier, produzida pela Ambev, de baixa fermentação e teor alcoólico declarado de 4%
COMPOSIÇÃO BÁSICA: água, malte de cevada, cereais não maltados, carboidratos, lúpulo e corante caramelo
CARACTERÍSTICAS: coloração negro-avermelhada, espuma intensa e de queda lenta, forte e adocicada, aroma de caramelo, amargor muito leve e sensação residual doce

OBS: DEGUSTADA EM: ___/___/___

BRAKSPEAR TRIPLE

Cerveja inglesa escura, tipo Old Ale, de tripla fermentação, maturada na garrafa numerada, produzida pela Brakspear Brewery, em Witney, de teor alcoólico declarado de 7,2%
COMPOSIÇÃO BÁSICA: água, malte de cevada e lúpulo
CARACTERÍSTICAS: coloração âmbar, levemente turva, espuma de boa formação e boa estabilidade, aroma complexo de frutas, lúpulo e toffee e encorpada, adocicada e alcoólica, amargor cítrico muito presente e sensação residual de aquecimento e de cereal maltado

OBS: DEGUSTADA EM: ___/___/___

BROOKLYN BLACK CHOCOLATE STOUT

Cerveja norte-americana, tipo Imperial Stout, produzida para o inverno pela Brooklyn Brewery, em Nova Iorque, de alta fermentação e teor alcoólico declarado de 10%
COMPOSIÇÃO BÁSICA: água, malte de cevada e lúpulo
CARACTERÍSTICAS: coloração marrom-intensa, espuma de boa formação e boa estabilidade, aromas intensos de café, chocolate e malte torrado, sabor adocicado com notas de chocolate e café, amargor rascante e sensação residual adocicada e de toffee

OBS: DEGUSTADA EM: ___/___/___

BROOKLYN BROWN ALE

Cerveja norte-americana, tipo Brown Ale, produzida pela Brooklyn Brewery, de alta fermentação e teor alcoólico declarado de 5,6%
COMPOSIÇÃO BÁSICA: água, malte de cevada e lúpulo
CARACTERÍSTICAS: coloração castanho-escuro-avermelhada, espuma de boa formação e queda lenta, aromas de malte tostado, herbal e frutado, sabores suaves de café e chocolate, aveludada e sensação residual adocicada e agradável

OBS: DEGUSTADA EM: ___/___/___

BROOKLYN EAST INDIA PALE ALE

Cerveja norte-americana, tipo India Pale Ale, produzida pela Brooklyn Brewery, de alta fermentação e teor alcoólico declarado de 6,9%
COMPOSIÇÃO BÁSICA: água, malte de cevada e lúpulo
CARACTERÍSTICAS: coloração âmbar, espuma de boa formação e boa estabilidade, aroma de lúpulo herbal com toque de caramelo, encorpada, sabor equilibrado de malte e lúpulo e sensação residual agradavelmente amarga

OBS: DEGUSTADA EM: ___/___/___

BROOKLYN LAGER

Cerveja norte-americana, estilo Vienna Lager, produzida pela Brooklyn Brewery, de baixa fermentação e teor alcoólico declarado de 5,2%
COMPOSIÇÃO BÁSICA: água, malte de cevada e lúpulo
CARACTERÍSTICAS: coloração âmbar, levemente turva, espuma cremosa e persistente, aromas de lúpulo floral e herbal intensos, sabor equilibrado de malte e lúpulo, amargor harmonioso e sensação residual amarga e adstringente

OBS: DEGUSTADA EM: ___/___/___

BROOKLYN LOCAL 1

Cerveja norte-americana, tipo Strong Golden Ale, produzida pela Brooklyn Brewery, de alta fermentação, refermentada na garrafa e teor alcoólico declarado de 9%
COMPOSIÇÃO BÁSICA: água, malte de cevada, açúcar e lúpulo
CARACTERÍSTICAS: cor dourada, levemente turva devido ao fermento, espuma de boa formação e persistente, aroma cítrico com notas de laranja, sabor adocicado, encorpada, amargor equilibrado e sensação residual adocicada e amarga

OBS: DEGUSTADA EM: ___/___/___

BROOKLYN MONSTER ALE

Cerveja norte-americana, tipo Barley Wine, produzida para o inverno pela Brooklyn Brewery, de alta fermentação e teor alcoólico declarado de 10,1%
COMPOSIÇÃO BÁSICA: água, malte de cevada e lúpulo
CARACTERÍSTICAS: coloração acobreada, límpida, espuma de boa formação e queda lenta, aromas de lúpulo herbal e cítrico, com notas de ameixa e toffee, sabores adocicado e amargo, corpo aveludado, amargor persistente e sensação residual adocicada e amarga

OBS: DEGUSTADA EM: ___/___/___

BRUGE BITTER ALE

Cerveja nacional escura, turva, tipo Bitter Ale, refermentada na própria garrafa, produzida pela Cervejaria Bruge, em Águas de Lindóia, SP, de alta fermentação e teor alcoólico declarado de 5,5%
COMPOSIÇÃO BÁSICA: água mineral, malte de cevada e lúpulo
CARACTERÍSTICAS: coloração castanho-clara, espuma de boa formação e queda lenta, turva por não ser filtrada, encorpada, forte, aromas floral e de frutas, amargor equilibrado e sensação residual amarga e de malte tostado

OBS: DEGUSTADA EM: ___/___/___

BRUGE GOLDEN ALE

Cerveja nacional clara, turva, tipo Ale, refermentada na própria garrafa, produzida pela Cervejaria Bruge, de alta fermentação e teor alcoólico declarado de 4%
COMPOSIÇÃO BÁSICA: água mineral, malte de cevada e lúpulo
CARACTERÍSTICAS: coloração amarelo-ouro, turva pela presença de fermento, espuma regular e de queda rápida, encorpada, levemente ácida, aroma frutado e sensação residual refrescante e amarga

OBS: DEGUSTADA EM: ___/___/___

BRUGE STOUT

Cerveja nacional escura, tipo Stout, refermentada na própria garrafa, produzida pela Cervejaria Bruge, de alta fermentação e teor alcoólico declarado de 4%
COMPOSIÇÃO BÁSICA: água mineral, malte de cevada e lúpulo
CARACTERÍSTICAS: coloração negro-avermelhada, turva pela presença de fermento, espuma intensa e firme, encorpada, aromas fortes de ésteres e malte torrado, amargor intenso e adstringente e sensação residual adstringente

OBS: **DEGUSTADA EM:** ___/___/___

BRUGE WEIZENBIER THANK'S GOD

Cerveja nacional clara, tipo Weizenbier, produzida pela Cervejaria Bruge, de alta fermentação e teor alcoólico declarado de 5,5%
COMPOSIÇÃO BÁSICA: água mineral, malte de cevada, trigo e lúpulo
CARACTERÍSTICAS: coloração amarelo-ouro, turva pela refermentação na garrafa, espuma intensa e cremosa, aroma de ésteres, corpo suave, amargor delicado e sensação residual refrescante e levemente adstringente

OBS: **DEGUSTADA EM:** ___/___/___

CARACU

Cerveja dinamarquesa, tipo American Lager, produzida pela Unicer, em Leça do Bailo, Portugal, de baixa fermentação e teor alcoólico declarado de 5%
COMPOSIÇÃO BÁSICA: água, malte de cevada e lúpulo
CARACTERÍSTICAS: coloração dourada brilhante, espuma de boa formação e queda lenta, aroma de cereais cozidos, corpo médio-baixo, amargor suave e sensação residual levemente amarga e refrescante

OBS: **DEGUSTADA EM:** ___/___/___

CARLSBERG

Cerveja dinamarquesa, tipo American Lager, produzida pela Unicer, em Leça do Bailo, Portugal, de baixa fermentação e teor alcoólico declarado de 5%
COMPOSIÇÃO BÁSICA: água, malte de cevada e lúpulo
CARACTERÍSTICAS: coloração dourada brilhante, espuma de boa formação e queda lenta, aroma de cereais cozidos, corpo médio-baixo, amargor suave e sensação residual levemente amarga e refrescante

OBS: **DEGUSTADA EM:** ___/___/___

CERPA EXPORT DRAFT BEER

Cerveja nacional Pilsen clara, produzida pela Cervejaria Paraense, em Belém, PA, de baixa fermentação e teor alcoólico declarado de 5,3%
COMPOSIÇÃO BÁSICA: água, malte de cevada, cereais não maltados, carboidratos e lúpulo
CARACTERÍSTICAS: coloração amarelo-clara, espuma intensa e de queda lenta, corpo suave e amargo, aroma de cereais, amargor pronunciado e sensação residual de malte

OBS: **DEGUSTADA EM:** ___/___/___

CEVADA PURA FORTE ESCURA

Cerveja nacional escura, tipo Dry Stout, produzida pela Cervejaria Cevada Pura, de Piracicaba, SP, de baixa fermentação e teor alcoólico declarado de 5,2%
COMPOSIÇÃO BÁSICA: água, malte de cevada, malte de trigo, malte chocolate e lúpulo
CARACTERÍSTICAS: coloração preta, espuma de boa formação e persistente, aroma de malte torrado e café, encorpada e adstringente, amargor também adstringente e sensação residual seca de café, malte torrado e prolongada

OBS: **DEGUSTADA EM:** ___/___/___

CEVADA PURA PILSEN CLARA

Cerveja nacional clara, límpida, tipo American Lager, produzida pela Cervejaria Cevada Pura, de Piracicaba, SP, de baixa fermentação e teor alcoólico declarado de 4,8%
COMPOSIÇÃO BÁSICA: água, malte de cevada e lúpulo
CARACTERÍSTICAS: coloração amarelo-clara, turva, espuma de boa formação e persistente, aroma de cereais cozidos, leve com sabor adocicado, amargor suave e sensação remanescente refrescante de cereal maltado

OBS: **DEGUSTADA EM:** ___/___/___

CEVADA PURA TRIGO FORTE CLARA

Cerveja nacional de trigo clara, turva, produzida pela Cervejaria Cevada Pura, de Piracicaba, SP, de alta fermentação e teor alcoólico declarado de 5,2%
COMPOSIÇÃO BÁSICA: água, malte de cevada, malte de trigo e lúpulo
CARACTERÍSTICAS: coloração amarelo-alaranjada, turva pela presença de fermento, espuma intensa e persistente, aroma frutado e de cravo, adocicada, forte carbonatação, amargor muito suave e sensação residual refrescante de frutas

OBS: **DEGUSTADA EM:** ___/___/___

CHIMAY BLEU

Cerveja belga Trapista escura, tipo Dark Strong Ale, produzida pela Abadia Notre Dame, em Scourmont, de alta fermentação e teor alcoólico declarado de 9%
COMPOSIÇÃO BÁSICA: água, malte de cevada, trigo, carboidratos e lúpulo
CARACTERÍSTICAS: coloração marrom-claro-avermelhada, turva pela refermentação na garrafa, espuma de boa formação e estabilidade, aromas alcoólico e frutado, encorpada, amargor harmonioso e sensação residual adocicada de malte tostado e frutada

OBS: DEGUSTADA EM: ___/___/___

CHIMAY CINQ CENTS

Cerveja belga Trapista clara, tipo Strong Ale Triple, produzida pela Abadia Notre Dame, de alta fermentação e teor alcoólico declarado de 8%
COMPOSIÇÃO BÁSICA: água, malte de cevada, trigo, carboidratos e lúpulo
CARACTERÍSTICAS: coloração amarelo-ouro intenso, turva pela refermentação na garrafa, espuma intensa e firme, aroma frutado de ésteres, encorpada, amargor marcante e sensação residual adstringente, amarga e frutada

OBS: DEGUSTADA EM: ___/___/___

CHIMAY GRANDE RÉSERVE

Cerveja belga Trapista escura, tipo Dark Strong Ale, produzida pela Abadia Notre Dame, de alta fermentação e teor alcoólico declarado de 9%
COMPOSIÇÃO BÁSICA: água, malte de cevada, trigo, carboidratos e lúpulo
CARACTERÍSTICAS: coloração marrom-claro-avermelhada, turva pela refermentação na garrafa, espuma intensa e com boa estabilidade, aromas alcoólico e frutado, encorpada, amargor harmonioso e sensação residual adocicada de malte tostado e frutada

OBS: DEGUSTADA EM: ___/___/___

CHIMAY RED

Cerveja belga Trapista escura, tipo Dark Strong Ale, produzida pela Abadia Notre Dame, de alta fermentação e teor alcoólico declarado de 7%
COMPOSIÇÃO BÁSICA: água, malte de cevada, trigo, carboidratos e lúpulo
CARACTERÍSTICAS: coloração marrom-clara, turva pela refermentação na garrafa, espuma de boa formação e persistente, aromas de ésteres e malte torrado, encorpada, amargor suave e sensação residual adstringente e seca

OBS: DEGUSTADA EM: ___/___/___

CHIMAY TRIPLE

Cerveja belga clara, tipo Tripel Trapista, produzida pela Abadia de Notre-Dame, re-fermentada na garrafa, de alta fermentação e teor alcoólico declarado de 8%
COMPOSIÇÃO BÁSICA: água, malte de cevada, trigo, açúcar e lúpulo
CARACTERÍSTICAS: coloração amarelo-ouro, turva pela presença de fermento, espuma intensa e firme, encorpada, aroma forte de ésteres, amargor intenso e sensação residual alcoólica e de especiarias

OBS:

DEGUSTADA EM: ___/___/___

CHRISTOFFEL BIER

Cerveja holandesa Pilsen clara, turva, produzida pela Cervejaria St. Christoffel, em Roermond, de baixa fermentação e teor alcoólico declarado de 6%
COMPOSIÇÃO BÁSICA: água, malte de cevada e lúpulo
CARACTERÍSTICAS: coloração amarelo-ouro, turva pela presença de fermento, espuma de boa formação e queda lenta, encorpada, aroma de lúpulo, amargor intenso e sensação residual agradavelmente amarga devido ao lúpulo

OBS:

DEGUSTADA EM: ___/___/___

CHRISTOFFEL BOK

Cerveja holandesa Pilsen escura, tipo Bock, turva, produzida pela Cervejaria St. Christoffel, de baixa fermentação e teor alcoólico declarado de 7,8%
COMPOSIÇÃO BÁSICA: água, malte de cevada e lúpulo
CARACTERÍSTICAS: coloração negro-avermelhada, turva pela presença de fermento, espuma de boa formação e queda lenta, encorpada, aroma de malte torrado, amargor adstringente e sensação residual de malte torrado

OBS:

DEGUSTADA EM: ___/___/___

CHRISTOFFEL NOBEL

Cerveja holandesa clara, tipo Lager, não filtrada e não pasteurizada, produzida pela St. Christoffel, de baixa fermentação e teor alcoólico declarado de 8,7%
COMPOSIÇÃO BÁSICA: água, malte de cevada e lúpulo
CARACTERÍSTICAS: coloração âmbar, levemente turva, espuma de boa formação e boa estabilidade, aroma cítrico intenso de lúpulo, amargor também intenso, encorpada e quente e sensação residual rascante de lúpulo

OBS:

DEGUSTADA EM: ___/___/___

CHRISTOFFEL ROBERTUS

Cerveja holandesa Pilsen escura, tipo Munique, turva, produzida pela Cervejaria St. Christoffel, de baixa fermentação e teor alcoólico declarado de 6%
COMPOSIÇÃO BÁSICA: água, malte de cevada e lúpulo
CARACTERÍSTICAS: coloração castanho-média, turva pela presença de fermento, espuma de boa formação e persistente, encorpada, aroma de cereais torrados, amargor pronunciado e sensação residual de malte torrado

OBS: DEGUSTADA EM: ___/___/___

CHRISTOFFEL WIJS

Cerveja holandesa escura de trigo, tipo Hefeweissbier Dunkel, produzida pela St. Christoffel, de baixa fermentação, apesar do estilo, e teor alcoólico declarado de 6%
COMPOSIÇÃO BÁSICA: água, malte de cevada, malte de trigo e lúpulo
CARACTERÍSTICAS: coloração âmbar, levemente turva, espuma intensa e de boa consistência, aroma de ésteres frutados e cereal tostado, sabor adocicado, amargor harmonioso e sensação residual de aquecimento e de malte tostado

OBS: DEGUSTADA EM: ___/___/___

CIDADE IMPERIAL

Cerveja nacional Pilsen clara, produzida pela Imperial Premium Beer, em Petrópolis, RJ, de baixa fermentação e teor alcoólico declarado de 4,5%
COMPOSIÇÃO BÁSICA: água, malte de cevada e lúpulo
CARACTERÍSTICAS: coloração amarelo-ouro, espuma de boa formação e queda lenta, encorpada, aroma pronunciado, amargor equilibrado e sensação residual agradavelmente amarga e persistente

OBS: DEGUSTADA EM: ___/___/___

CIDADE IMPERIAL ESCURA

Cerveja nacional Pilsen escura, tipo Schwarzbier, produzida pela Imperial Premium Bier, de baixa fermentação e teor alcoólico declarado de 4,5%
COMPOSIÇÃO BÁSICA: água, malte de cevada, corante caramelo e lúpulo
CARACTERÍSTICAS: coloração negro-avermelhada, espuma de boa formação e persistente, encorpada, aroma doce caramelizado, amargor suave, sensação residual adstringente e amarga de caramelo

OBS: DEGUSTADA EM: ___/___/___

CINTRA ESCURA

Cerveja nacional Pilsen escura, produzida pela Cervejarias Cintra, do Grupo Schincariol, de baixa fermentação e teor alcoólico declarado de 5,3%
COMPOSIÇÃO BÁSICA: água, malte de cevada, cereais não maltados, carboidratos, lúpulo e corante caramelo
CARACTERÍSTICAS: coloração castanho-escura, espuma intensa e firme, encorpada, aroma de malte torrado, amargor adstringente e sensação residual de café torrado

OBS:

DEGUSTADA EM:
___/___/___

CINTRA PILSEN

Cerveja nacional Pilsen clara, produzida pela Cervejaria Cintra, do Grupo Schincariol, de baixa fermentação e teor alcoólico declarado de 4,7%
COMPOSIÇÃO BÁSICA: água, malte de cevada, cereais não maltados, carboidratos e lúpulo
CARACTERÍSTICAS: coloração amarelo-clara, espuma de boa formação e queda lenta, corpo leve, aroma de cereais, amargor harmonioso e sensação residual refrescante

OBS:

DEGUSTADA EM:
___/___/___

COLÔNIA BAIXA CALORIA

Cerveja nacional Pilsen clara, leve, produzida pela Indústria Nacional de Bebidas, em Toledo, PR, de baixa fermentação e teor alcoólico declarado de 3,3%
COMPOSIÇÃO BÁSICA: água, malte de cevada e lúpulo
CARACTERÍSTICAS: coloração amarelo-clara, espuma de boa formação e queda lenta, corpo leve, aroma delicado, amargor suave e sensação residual muito leve

OBS:

DEGUSTADA EM:
___/___/___

COLÔNIA EXTRA LAGER

Cerveja nacional Pilsen clara, tipo Extra, produzida pela Indústria Nacional de Bebidas, de baixa fermentação e teor alcoólico declarado de 5%
COMPOSIÇÃO BÁSICA: água, malte de cevada, carboidratos e lúpulo
CARACTERÍSTICAS: coloração amarelo-ouro, espuma intensa e firme, encorpada, aroma de cereais, ligeiramente amarga e sensação residual de amargor suave

OBS:

DEGUSTADA EM:
___/___/___

COLÔNIA MALZBIER

Cerveja nacional escura, tipo Malzbier, produzida pela Indústria Nacional de Bebidas, de baixa fermentação e teor alcoólico declarado de 3,5%
COMPOSIÇÃO BÁSICA: água, malte de cevada, carboidratos, lúpulo e corante
CARACTERÍSTICAS: coloração negra, espuma intensa e persistente, encorpada e adocicada, aroma de caramelo, amargor suave e sensação residual doce

OBS: DEGUSTADA EM:
___/___/___

COLÔNIA NEGRA

Cerveja nacional escura, forte, tipo Stout, produzida pela Indústria Nacional de Bebidas, de baixa fermentação e teor alcoólico declarado de 6%
COMPOSIÇÃO BÁSICA: água, malte de cevada, carboidratos, lúpulo e corante caramelo
CARACTERÍSTICAS: coloração negra, muito escura, espuma cremosa e firme, forte, aroma de malte torrado, amargor pronunciado e sensação residual de caramelo

OBS: DEGUSTADA EM:
___/___/___

COLÔNIA PILSEN

Cerveja nacional Pilsen clara, produzida pela Indústria Nacional de Bebidas, de baixa fermentação e teor alcoólico declarado de 4%
COMPOSIÇÃO BÁSICA: água, malte de cevada, carboidratos e lúpulo
CARACTERÍSTICAS: coloração amarelo, muito clara, espuma de boa formação e queda lenta, corpo leve, aroma de cereais, amargor suave e sensação residual refrescante

OBS: DEGUSTADA EM:
___/___/___

COLORADO APPIA

Cerveja nacional clara, tipo de trigo, turva, produzida pela Cervejaria Colorado, em Ribeirão Preto, SP, de alta fermentação e teor alcoólico declarado de 5,5%
COMPOSIÇÃO BÁSICA: água, malte de cevada, malte de trigo, mel e lúpulo
CARACTERÍSTICAS: coloração amarelo-ouro, turva pela presença de fermento, espuma intensa e firme, encorpada, aroma adocicado, amargor harmonioso e sensação residual levemente adstringente e refrescante

OBS: DEGUSTADA EM:
___/___/___

COLORADO CAUIM

Cerveja nacional Pilsen clara, produzida pela Cervejaria Colorado, de baixa fermentação e teor alcoólico declarado de 4,5%
COMPOSIÇÃO BÁSICA: água, malte de cevada, farinha de mandioca e lúpulo
CARACTERÍSTICAS: coloração amarelo-ouro, espuma de boa formação e queda lenta, encorpada, aroma marcante de cereais, amargor leve e sensação residual doce de cereal

OBS: DEGUSTADA EM:
___/___/___

COLORADO DEMOISELLE

Cerveja nacional escura, tipo Porter, produzida pela Cervejaria Colorado, de alta fermentação e teor alcoólico declarado de 6%
COMPOSIÇÃO BÁSICA: água, malte de cevada, café e lúpulo
CARACTERÍSTICAS: coloração negro-avermelhada, espuma intensa e persistente, encorpada e adstringente, aromas de café e torrado, amargor acentuado e sensação residual de malte tostado e café

OBS: DEGUSTADA EM:
___/___/___

COLORADO INDICA

Cerveja nacional escura, tipo India Pale Ale, forte, produzida pela Cervejaria Colorado, de alta fermentação e teor alcoólico declarado de 7%
COMPOSIÇÃO BÁSICA: água, malte de cevada, rapadura e lúpulo
CARACTERÍSTICAS: coloração castanho-avermelhada, espuma de boa formação e persistente, encorpada, aromas de malte e lúpulo, amargor intenso e sensação residual fortemente amarga de lúpulo

OBS: DEGUSTADA EM:
___/___/___

CONTI MALZBIER

Cerveja nacional escura, tipo Malzbier, produzida pela Cervejaria Casa di Conti, em Cândido Mota,SP, de baixa fermentação e teor alcoólico declarado de 4%
COMPOSIÇÃO BÁSICA: água, malte de cevada, carboidratos e lúpulo
CARACTERÍSTICAS: coloração negro-avermelhada, espuma de boa formação e cremosa, suave, adocicada, amargor inexistente e sensação residual doce e de cereais tostados

OBS: DEGUSTADA EM:
___/___/___

CONTI PILSEN

Cerveja nacional Pilsen clara, produzida pela Cervejaria Casa di Conti, de baixa fermentação e teor alcoólico declarado de 4,7%
COMPOSIÇÃO BÁSICA: água, malte de cevada, carboidratos e lúpulo
CARACTERÍSTICAS: coloração amarelo-clara, espuma intensa e de queda lenta, muito suave, aroma leve de cereais, amargor agradável e sensação residual refrescante e amarga

OBS:

DEGUSTADA EM: ___/___/___

CONTI PREMIUM

Cerveja nacional Pilsen clara, Premium, produzida pela Cervejaria Casa di Conti, de baixa fermentação e teor alcoólico declarado de 5,5%
COMPOSIÇÃO BÁSICA: água, malte de cevada, carboidratos e lúpulo
CARACTERÍSTICAS: coloração amarelo-ouro, espuma intensa e firme, encorpada, aroma de cereais, amargor agradável e sensação residual refrescante e de cereal

OBS:

DEGUSTADA EM: ___/___/___

COOPERS BEST EXTRA STOUT

Cerveja australiana escura, tipo Stout, forte, refermentada na garrafa, produzida pela Coopers Brewery, em Regency Park, de alta fermentação e teor alcoólico declarado de 6,3%
COMPOSIÇÃO BÁSICA: água, malte de cevada e lúpulo
CARACTERÍSTICAS: coloração negra, espuma intensa, firme e cremosa, turva pela presença de fermento, encorpada, forte, aroma alcoólico e com toque de toffee, amargor pronunciado e sensação residual de malte torrado

OBS:

DEGUSTADA EM: ___/___/___

COOPERS ORIGINAL PALE ALE

Cerveja australiana clara, tipo Ale, refermentada na garrafa, produzida pela Coopers Brewery, de alta fermentação e teor alcoólico declarado de 4,5%
COMPOSIÇÃO BÁSICA: água, malte de cevada e lúpulo
CARACTERÍSTICAS: coloração amarelo-escura, espuma de boa formação e firme, turva pela presença de fermento, leve, aromas suaves de frutas e lúpulo, amargor harmônico e sensação residual refrescante

OBS:

DEGUSTADA EM: ___/___/___

COOPERS SPARKLING ALE

Cerveja australiana clara, tipo Ale, refermentada na garrafa, produzida pela Coopers Brewery, de alta fermentação e teor alcoólico declarado de 5,8%
COMPOSIÇÃO BÁSICA: água, malte de cevada e lúpulo
CARACTERÍSTICAS: coloração amarelo-escura, espuma intensa e firme, turva pela presença de fermento, encorpada, forte, amarga, aroma frutado, amargor pronunciado e marcante e sensação residual refrescante e amarga

OBS:
DEGUSTADA EM: ___/___/___

COOPERS VINTAGE

Cerveja australiana escura, tipo English Old Ale, produzida pela Coopers Brewery, de alta fermentação e teor alcoólico declarado de 7,5%
COMPOSIÇÃO BÁSICA: água, malte de cevada e lúpulo
CARACTERÍSTICAS: coloração âmbar, ligeiramente turva, espuma de boa formação e queda rápida, aroma complexo de vinho do Porto e madeira, encorpada e licorosa, amargor presente e prolongado e sensação residual amarga, licorosa e adstringente

OBS:
DEGUSTADA EM: ___/___/___

CORONA

Cerveja mexicana Pilsen clara, produzida pela Cerveceria Modelo, em Tuxtepec Oaxaca, México, de baixa fermentação e teor alcoólico declarado de 4,6%
COMPOSIÇÃO BÁSICA: água, malte de cevada, cereais não maltados e lúpulo
CARACTERÍSTICAS: coloração amarelo-clara, espuma de boa formação e queda lenta, aroma de cereal maltado, corpo suave, amargor muito leve e sensação residual refrescante

OBS:
DEGUSTADA EM: ___/___/___

CORUJA ALBA WEIZENBOCK

Cerveja nacional de trigo, tipo Weizenbock, da Bebidas Coruja Ltda, de Porto Alegre, RS, de alta fermentação e teor alcoólico declarado de 6,8%
COMPOSIÇÃO BÁSICA: água, malte de cevada, malte de trigo e lúpulo
CARACTERÍSTICAS: coloração amarelo-ouro velho, turva pela presença de fermento, espuma intensa e persistente, aroma de frutas e de cereais maltados, encorpada com alta carbonatação, amargor suave e sensação residual refrescante e de aquecimento

OBS:
DEGUSTADA EM: ___/___/___

CORUJA CERVEJA VIVA

Cerveja nacional clara, tipo American Lager, produzida pela Cervejaria Santa Catarina Ltda, em Forquilhinha, SC, para a Bebidas Coruja Ltda, de Porto Alegre, RS, de baixa fermentação e teor alcoólico declarado de 4,5%
COMPOSIÇÃO BÁSICA: água, malte de cevada e lúpulo
CARACTERÍSTICAS: coloração amarelo-ouro, turva com sedimento no fundo da garrafa, espuma de boa formação e boa estabilidade, aroma de ésteres e outros compostos de fermentação, encorpada, amargor acentuado pela presença de fermento e sensação residual adstringente

OBS: DEGUSTADA EM:
___/___/___

CORUJA OTUS LAGER

Cerveja nacional clara, tipo American Lager, da Bebidas Coruja Ltda, RS, de baixa fermentação e teor alcoólico declarado de 4,5%
COMPOSIÇÃO BÁSICA: água, malte de cevada e lúpulo
CARACTERÍSTICAS: coloração amarelo-ouro, turva, espuma de boa formação e boa estabilidade, aroma de cereais maltados e lúpulo, adocicada e suave, amargor muito leve e sensação residual refrescante e levemente adocicada

OBS: DEGUSTADA EM:
___/___/___

CORUJA STRIX EXTRA

Cerveja nacional clara, tipo Helles, da Bebidas Coruja Ltda, RS, de baixa fermentação e teor alcoólico declarado de 6,5%
COMPOSIÇÃO BÁSICA: água, malte de cevada e lúpulo
CARACTERÍSTICAS: coloração âmbar-clara, levemente turva, espuma intensa e persistente, aroma de cereais maltados, caramelo e lúpulo, encorpada e adocicada pelo malte, amargor harmonioso e sensação residual adocicada e licorosa

OBS: DEGUSTADA EM:
___/___/___

COURAGE DIRECTORS

Cerveja inglesa, tipo Premium Cask Ale – Brown Ale, produzida pela Wells & Youngs, em Bedford, de alta fermentação e teor alcoólico declarado de 4,8%
COMPOSIÇÃO BÁSICA: água, malte de cevada e lúpulo
CARACTERÍSTICAS: coloração castanho-avermelhada, límpida, espuma de boa formação e queda lenta, aromas amadeirado e adocicado, corpo médio-baixo, amargor suave e sensação residual adstringente

OBS: DEGUSTADA EM:
___/___/___

CRYSTAL BEER SEM ÁLCOOL

Cerveja nacional Pilsen clara, leve e sem álcool, produzida pela Cervejaria Petrópolis, de baixa fermentação e teor alcoólico declarado menor que 0,5%
COMPOSIÇÃO BÁSICA: água, malte de cevada, cereais não maltados, carboidratos e lúpulo
CARACTERÍSTICAS: coloração amarelo-ouro, espuma de boa formação e queda lenta, corpo leve e adocicado, aroma de cereais cozidos, amargor equilibrado e sensação residual levemente doce

OBS:

DEGUSTADA EM: ___/___/___

CRYSTAL FUSION GUARANÁ

Cerveja nacional Pilsen clara, saborizada com guaraná, produzida pela Cervejaria Petrópolis, de baixa fermentação e teor alcoólico declarado de 3,6%
COMPOSIÇÃO BÁSICA: cerveja clara, xarope de açúcar e aroma idêntico ao natural de guaraná
CARACTERÍSTICAS: coloração amarelo-clara, espuma fraca e de queda rápida, leve, adstringente e adocicada, aroma de guaraná, amargor inexistente e sensação residual refrescante de guaraná

OBS:

DEGUSTADA EM: ___/___/___

CRYSTAL FUSION LIMÃO

Cerveja nacional Pilsen clara, saborizada com limão, de cor verde, produzida pela Cervejaria Petrópolis, de baixa fermentação e teor alcoólico declarado de 3,6%
COMPOSIÇÃO BÁSICA: cerveja clara, xarope de açúcar, aroma natural de limão e corante artificial
CARACTERÍSTICAS: coloração verde-clara, espuma fraca e sem estabilidade, aroma suave de limão, amargor inexistente, paladar doce e ácido, sensação residual refrescante e cítrica

OBS:

DEGUSTADA EM: ___/___/___

CRYSTAL FUSION MARACUJÁ

Cerveja nacional Pilsen clara, saborizada com maracujá, produzida pela Cervejaria Petrópolis, de baixa fermentação e teor alcoólico declarado de 3,6%
COMPOSIÇÃO BÁSICA: cerveja clara, xarope de açúcar e aroma idêntico ao natural de maracujá
CARACTERÍSTICAS: coloração amarelo-clara, espuma de boa formação e queda lenta, leve, adstringente e adocicada, aroma de maracujá, amargor inexistente e sensação residual refrescante de maracujá

OBS:

DEGUSTADA EM: ___/___/___

CRYSTAL MALZBIER

Cerveja nacional escura, tipo Malzbier, produzida pela Cervejaria Petrópolis, de baixa fermentação e teor alcoólico declarado de 4,7%
COMPOSIÇÃO BÁSICA: água, malte de cevada, cereais não maltados, carboidratos, carboidratos transformados, corante caramelo e lúpulo
CARACTERÍSTICAS: coloração negra, espuma intensa e persistente, encorpada e adocicada, aroma de caramelo, amargor muito suave e sensação residual doce

OBS: DEGUSTADA EM: ___/___/___

CRYSTAL PILSEN

Cerveja nacional Pilsen clara, produzida pela Cervejaria Petrópolis, de baixa fermentação e teor alcoólico declarado de 4,5%
COMPOSIÇÃO BÁSICA: água, malte de cevada, cereais não maltados, carboidratos e lúpulo
CARACTERÍSTICAS: coloração amarelo-clara, espuma de boa formação e firme, corpo leve, aroma de cereais, amargor muito suave e sensação residual refrescante

OBS: DEGUSTADA EM: ___/___/___

CRYSTAL PREMIUM

Cerveja nacional Pilsen clara, produzida pela Cervejaria Petrópolis, de baixa fermentação e teor alcoólico declarado de 4,5%
COMPOSIÇÃO BÁSICA: água, malte de cevada, cererais não maltados e lúpulo
CARACTERÍSTICAS: coloração amarelo-ouro, espuma densa e persistente, leve, aroma de cereais, amargor suave e sensação residual muito leve

OBS: DEGUSTADA EM: ___/___/___

CZECHVAR ORIGINAL PREMIUM LAGER

Cerveja tcheca Pilsen clara, produzida pela Budejovicky Budvar, em Ceske Budejovice, de baixa fermentação e teor alcoólico declarado de 5%
COMPOSIÇÃO BÁSICA: água, malte de cevada e lúpulo
CARACTERÍSTICAS: coloração amarelo-ouro, espuma intensa e persistente, encorpada, aroma de cereais, amargor pronunciado e sensação residual refrescante e agradavelmente amarga

OBS: DEGUSTADA EM: ___/___/___

D'ÁVILA

Cerveja nacional Pilsen clara, produzida pela Cia. Brasileira de Bebidas, de baixa fermentação e teor alcoólico declarado de 5%
COMPOSIÇÃO BÁSICA: água, malte de cevada, cereais não maltados e lúpulo
CARACTERÍSTICAS: coloração amarelo-clara, espuma de boa formação e queda lenta, muito suave, aroma de cereais cozidos, amargor agradável e sensação residual refrescante

OBS: DEGUSTADA EM: ___/___/___

DADO BIER BELGIAN ALE

Cerveja nacional clara, tipo Belgian Ale, forte, produzida pela Dado Bier, em Porto Alegre, RS, de alta fermentação e teor alcoólico declarado de 8,5%
COMPOSIÇÃO BÁSICA: água mineral, malte de cevada e lúpulo
CARACTERÍSTICAS: coloração amarelo-ouro, turva pela presença de fermento, espuma de boa formação e queda lenta, encorpada, aroma frutado, amargor pronunciado e sensação residual amarga e encorpada

OBS: DEGUSTADA EM: ___/___/___

DADO BIER DOUBLE CHOCOLATE STOUT

Cerveja nacional escura, tipo Imperial Stout, produzida pela Dado Bier, de alta fermentação e teor alcoólico declarado de 10,5%
COMPOSIÇÃO BÁSICA: água mineral, malte de cevada, chocolate e lúpulo
CARACTERÍSTICAS: coloração negra, turva, sem formação de espuma, aroma complexo de torrefação, chocolate e vinho do Porto, licorosa com predominância do chocolate e cereais torrados, amargor inexistente e sensação residual licorosa, adocicada e prolongada

OBS: DEGUSTADA EM: ___/___/___

DADO BIER ILEX

Cerveja nacional clara, tipo Herb, turva, produzida pela Dado Bier, de baixa fermentação e teor alcoólico declarado de 7%
COMPOSIÇÃO BÁSICA: água mineral, malte de cevada, erva-mate (Ilex paraguariense) e lúpulo
CARACTERÍSTICAS: coloração amarelo-esverdeada, espuma fraca e de queda rápida, encorpada, turva pela presença de erva-mate, aroma de erva e sensação remanescente amarga e ácida

OBS: DEGUSTADA EM: ___/___/___

DADO BIER LAGER

Cerveja nacional clara, tipo Lager, produzida pela Dado Bier, de baixa fermentação e teor alcoólico declarado de 5%
COMPOSIÇÃO BÁSICA: água, malte de cevada, carboidratos e lúpulo
CARACTERÍSTICAS: coloração amarelo-clara, límpida, espuma de boa formação e queda lenta, aroma suave de cereais cozidos, corpo muito leve, amargor delicado e sensação residual refrescante

OBS: **DEGUSTADA EM:** ___/___/___

DADO BIER ORIGINAL

Cerveja nacional clara, tipo Pilsen, produzida pela Dado Bier, de baixa fermentação e teor alcoólico declarado de 4,5%
COMPOSIÇÃO BÁSICA: água, malte de cevada, cereais não maltados, carboidratos e lúpulo
CARACTERÍSTICAS: coloração amarelo-clara, espuma intensa e de queda lenta, corpo suave, aroma de cereais, amargor pronunciado e sensação residual agradavelmente amarga

OBS: **DEGUSTADA EM:** ___/___/___

DADO BIER RED ALE

Cerveja nacional escura, avermelhada, tipo Red Ale, produzida pela Dado Bier, de alta fermentação e teor alcoólico declarado de 5,3%
COMPOSIÇÃO BÁSICA: água mineral, malte de cevada e lúpulo
CARACTERÍSTICAS: coloração castanho-avermelhada, espuma intensa e persistente, encorpada, aroma frutado de ésteres e complexo com notas de frutas secas, amargor pronunciado e sensação residual de malte tostado

OBS: **DEGUSTADA EM:** ___/___/___

DADO BIER ROYAL BLACK

Cerveja nacional escura, tipo Bock, produzida pela Dado Bier, de baixa fermentação e teor alcoólico declarado de 5,5%
COMPOSIÇÃO BÁSICA: água mineral, malte de cevada e lúpulo
CARACTERÍSTICAS: coloração castanho-escura, espuma espessa e firme, forte e encorpada, aroma de cereais, amargor pronunciado e sensação residual de malte tostado

OBS: **DEGUSTADA EM:** ___/___/___

DADO BIER WEISS

Cerveja de trigo nacional clara, turva, tipo Weinzenbier, produzida pela Dado Bier, de alta fermentação e teor alcoólico declarado de 5%
COMPOSIÇÃO BÁSICA: água mineral, malte de cevada, malte de trigo e lúpulo
CARACTERÍSTICAS: coloração amarelo-ouro, turva pela presença de fermento, espuma intensa e persistente, encorpada, aroma suave de ésteres de frutas, amargor equilibrado e sensação residual de fermento

OBS: DEGUSTADA EM: ___/___/___

DAMA INDIA PALE ALE

Cerveja nacional escura, tipo India Pale Ale, produzida pela Cervejaria Bazzo Ltda, de Piracicaba, SP, de alta fermentação e teor alcoólico declarado de 6,5%
COMPOSIÇÃO BÁSICA: água, malte de cevada e lúpulo
CARACTERÍSTICAS: coloração âmbar-avermelhada, límpida, espuma de boa formação e boa estabilidade, aroma de cereais maltados e de lúpulo herbal, encorpada e amarga, amargor herbal e cítrico presente e sensação residual longa, amarga e de aquecimento

OBS: DEGUSTADA EM: ___/___/___

DAMA PILSEN

Cerveja nacional clara, tipo American Lager, produzida pela Cervejaria Bazzo Ltda, de baixa fermentação e teor alcoólico declarado de 4,8%
COMPOSIÇÃO BÁSICA: água, malte de cevada e lúpulo
CARACTERÍSTICAS: coloração amarelo-ouro, límpida, espuma de boa formação e queda lenta, aroma de cereais maltados, sabor leve de malte e lúpulo, amargor harmonioso e sensação residual refrescante e levemente adocicada

OBS: DEGUSTADA EM: ___/___/___

DAMA STOUT

Cerveja nacional escura, tipo Stout, produzida pela Cervejaria Bazzo Ltda, de alta fermentação e teor alcoólico declarado de 5,5%
COMPOSIÇÃO BÁSICA: água, malte de cevada, açúcar mascavo e lúpulo
CARACTERÍSTICAS: coloração negra, levemente turva, espuma intensa e persistente, aroma de cereais torrados, café e caramelo, pouco encorpada, adocicada e adstringente, amargor suave e sensação residual adstringente e seca

OBS: DEGUSTADA EM: ___/___/___

DAMA WEISS

Cerveja nacional clara, de trigo, tipo Weizenbier, produzida pela Cervejaria Bazzo Ltda, de alta fermentação e teor alcoólico declarado de 5%
COMPOSIÇÃO BÁSICA: água, malte de cevada, malte de trigo e lúpulo
CARACTERÍSTICAS: coloração amarelo-ouro velho, turva pela presença de fermento, espuma intensa e de média estabilidade, aroma frutado de ésteres, adocicada e com alta carbonatação, amargor suave e sensação residual refrescante, adocicada e adstringente

OBS: DEGUSTADA EM: ___/___/___

DE KONINCK BELGIAN ALE

Cerveja belga levemente escura, tipo Ale, produzida pela De Koninck, na Antuérpia, de alta fermentação e teor alcoólico declarado de 5%
COMPOSIÇÃO BÁSICA: água, malte de cevada e lúpulo
CARACTERÍSTICAS: coloração castanho-clara, espuma de boa formação e queda lenta, encorpada, amarga, com agradável aroma de lúpulo e sensação residual encorpada e amarga

OBS: DEGUSTADA EM: ___/___/___

DE KONINCK BLONDE

Cerveja belga dourada, tipo Ale, produzida pela De Koninck, de alta fermentação e teor alcoólico declarado de 6%
COMPOSIÇÃO BÁSICA: água, malte de cevada e lúpulo
CARACTERÍSTICAS: coloração amarelo-ouro, espuma intensa e firme, encorpada e amarga, aroma de especiarias e lúpulo, amargor pronunciado e sensação residual agradavelmente amarga

OBS: DEGUSTADA EM: ___/___/___

DE KONINCK TRIPLE

Cerveja belga escura, tipo Tripel, produzida pela De Koninck, de alta fermentação e teor alcoólico declarado de 8%
COMPOSIÇÃO BÁSICA: água, malte de cevada e lúpulo
CARACTERÍSTICAS: coloração castanho-clara, espuma de boa formação e queda lenta, encorpada e alcoólica, aroma fino de lúpulo, amargor equilibrado com toque adocicado e sensação residual de malte tostado

OBS: DEGUSTADA EM: ___/___/___

DE KONINCK WINTER

Cerveja belga escura avermelhada, tipo Ale, forte, produzida pela De Koninck, de alta fermentação e teor alcoólico declarado de 6,5%
COMPOSIÇÃO BÁSICA: água, malte de cevada e lúpulo
CARACTERÍSTICAS: coloração castanho-avermelhada, espuma de boa formação e queda lenta, encorpada e forte, aroma de malte torrado, amargor harmonioso e sensação residual de toffee e amarga

OBS:

DEGUSTADA EM:
___/___/___

DETRICH BIER

Cerveja nacional clara, tipo Pale Ale, produzida em Santo Antônio do Pinhal, SP, de alta fermentação e sem declaração de teor alcoólico
COMPOSIÇÃO BÁSICA: água, malte de cevada e lúpulo (não contém conservantes)
CARACTERÍSTICAS: coloração amarelo-ouro, turva pela presença de fermento, depósito de fermento no fundo da garrafa, espuma intensa e de boa estabilidade, aroma ácido, amargor pronunciado e adstringente e sensação residual ácida e de gengibre

OBS:

DEGUSTADA EM:
___/___/___

DEUS

Cerveja belga, tipo Strong Beer – Bière Brut, produzida pela Bosteels Brewery, de alta fermentação, com refermentação tipo Champenoise e teor alcoólico declarado de 11,5%
COMPOSIÇÃO BÁSICA: água, malte de cevada e lúpulo
CARACTERÍSTICAS: coloração amarelo-palha-clara, límpida, perlage intenso, aromas cítrico, de frutas, pimenta, gengibre e cravo, sabores adocicado e de manjericão, amargor suave e equilibrado e sensação residual adocicada, seca e refrescante

OBS:

DEGUSTADA EM:
___/___/___

DEVASSA BEM LOURA

Cerveja nacional, tipo American Lager, produzida pelo Grupo Schincariol, de baixa fermentação e teor alcoólico declarado de 4,7%
COMPOSIÇÃO BÁSICA: água, malte de cevada, cereais não maltados e lúpulo
CARACTERÍSTICAS: coloração amarelo-clara, límpida, espuma de boa formação e queda lenta, aroma de cereais cozidos, corpo baixo, amargor muito suave e sensação residual refrescante e amarga

OBS:

DEGUSTADA EM:
___/___/___

DEVASSA LOURA

Cerveja nacional Pilsen clara, produzida pelo Grupo Schincariol, de baixa fermentação e teor alcoólico declarado de 4,8%
COMPOSIÇÃO BÁSICA: água, malte de cevada, carboidratos e lúpulo
CARACTERÍSTICAS: coloração amarelo-ouro, espuma de boa formação e firme, encorpada, aroma de cereais, amargor pronunciado e sensação residual marcante

OBS: DEGUSTADA EM: ___/___/___

DEVASSA NEGRA

Cerveja nacional escura, tipo Dark Ale, produzida pelo Grupo Schincariol, de alta fermentação e teor alcoólico declarado de 4,8%
COMPOSIÇÃO BÁSICA: água, malte de cevada e lúpulo
CARACTERÍSTICAS: coloração vermelho-escura, espuma intensa e cremosa, corpo suave, aroma de malte tostado, amargor suave e sensação residual de malte caramelo

OBS: DEGUSTADA EM: ___/___/___

DEVASSA RUIVA

Cerveja nacional clara avermelhada, tipo Pale Ale, produzida pelo Grupo Schincariol, de alta fermentação e teor alcoólico declarado de 4,8%
COMPOSIÇÃO BÁSICA: água, malte de cevada e lúpulo
CARACTERÍSTICAS: coloração castanho-claro-avermelhada, espuma intensa e de queda lenta, forte, aroma de malte tostado, amargor pronunciado e sensação residual persistente

OBS: DEGUSTADA EM: ___/___/___

DOGGIE STYLE CLASSIC PALE ALE

Cerveja norte-americana, tipo Pale Ale, produzida pela Flying Dog Brewery, em Frederick, de alta fermentação e teor alcoólico declarado de 5,5%
COMPOSIÇÃO BÁSICA: água, malte de cevada e lúpulo
CARACTERÍSTICAS: coloração amarelo-ouro, límpida, espuma de boa formação e queda lenta, aromas de lúpulo e malte, corpo médio, amargor harmonioso e sensação residual agradavelmente amarga, do lúpulo, e levemente adocicada

OBS: DEGUSTADA EM: ___/___/___

DONNA'S BEER

Cerveja nacional Pilsen clara, suave, produzida pela Indústria Nacional de Bebidas, de baixa fermentação, teor alcoólico declarado de 4% e com forte apelo feminino
COMPOSIÇÃO BÁSICA: água, malte de cevada, carboidratos e lúpulo
CARACTERÍSTICAS: coloração amarelo-clara, espuma de boa formação e firme, corpo muito leve, aroma delicado, amargor muito suave e sensação residual leve e agradável

OBS: DEGUSTADA EM:
                                                                     ___/___/___

DOS EQUIS

Cerveja mexicana Pilsen clara, produzida por Cerveceria Cuauhtemoc, da Heineken, de baixa fermentação e teor alcoólico declarado de 4,5%
COMPOSIÇÃO BÁSICA: água, malte de cevada, cereais não maltados e lúpulo
CARACTERÍSTICAS: coloração amarelo-clara, espuma de boa formação e queda lenta, encorpada e adocicada, aroma de cereais, amargor suave e sensação residual de malte torrado

OBS: DEGUSTADA EM:
                                                                     ___/___/___

DOUBLE DOG DOUBLE PALE ALE

Cerveja norte-americana, tipo Pale Ale, produzida pela Flying Dog Brewery, de alta fermentação e teor alcoólico declarado de 11,5%
COMPOSIÇÃO BÁSICA: água, malte de cevada e lúpulo
CARACTERÍSTICAS: coloração âmbar, límpida, espuma de boa formação e persistente, aromas de lúpulo cítrico intenso e álcool, corpo médio-alto, amargor intenso e persistente e sensação residual amarga, devido ao lúpulo, e levemente adocicada

OBS: DEGUSTADA EM:
                                                                     ___/___/___

DRY HOPPED ST. ROGUE RED ALE

Cerveja norte-americana, tipo American Amber Ale, produzida pela Rogue Ales Brewery, em Newport, de alta fermentação e teor alcoólico declarado de 5,3%
COMPOSIÇÃO BÁSICA: água, malte de cevada e lúpulo
CARACTERÍSTICAS: coloração acobreada, levemente turva, espuma de boa formação e queda lenta, aromas frutal, de malte tostado e lúpulo, sabores adocicado e seco, corpo médio-baixo, lúpulo intenso e sensação residual adstringente de lúpulo

OBS: DEGUSTADA EM:
                                                                     ___/___/___

DUVEL

Cerveja belga clara, do tipo Belgian Strong Ale, produzida pela Duvel, refermentada na própria garrafa, de alta fermentação e teor alcoólico declarado de 8,5%
COMPOSIÇÃO BÁSICA: água, malte de cevada e lúpulo
CARACTERÍSTICAS: coloração amarelo-escura, turva pela presença de fermento, espuma intensa e persistente, encorpada e alcoólica, aroma complexo de especiarias, amargor pronunciado e sensação residual amarga de fermento

OBS: DEGUSTADA EM: ___/___/___

EDELWEISS WEISSBIER

Cerveja austríaca clara, de trigo, tipo Weizenbier, produzida pela Hofbräu Kaltenhausen (Brau Union Österreich A.G.) na Áustria; de alta fermentação e teor alcoólico declarado de 5,5%
COMPOSIÇÃO BÁSICA: água, malte de cevada, malte de trigo e lúpulo
CARACTERÍSTICAS: coloração amarelo-esbranquiçada, turva pela presença de fermento, espuma intensa e duradoura, aroma frutado de ésteres e picante, leve e fortemente carbonatada, amargor harmonioso e sensação residual refrescante e ácida

OBS: DEGUSTADA EM: ___/___/___

EDELWEISS WEISSBIER SNOWFRESH

Cerveja austríaca clara, levemente turva, tipo de trigo, produzida pela Hofbräu Kaltenhausen, em Kaltenhausen, de alta fermentação e teor alcoólico declarado de 5%
COMPOSIÇÃO BÁSICA: água, malte de cevada, malte de trigo e lúpulo
CARACTERÍSTICAS: coloração amarelo-alaranjada, turva pela presença de fermento, espuma de boa formação e persistente, encorpada, aroma frutado complexo, amargor suave e sensação residual refrescante e adocicada

OBS: DEGUSTADA EM: ___/___/___

EGGENBERG DOPPELBOCK

Cerveja austríaca Pilsen escura, tipo Doppelbock, produzida pela Schlossbrauerei Eggenber, de baixa fermentação e teor alcoólico declarado de 8,5%
COMPOSIÇÃO BÁSICA: água, malte de cevada e lúpulo
CARACTERÍSTICAS: coloração marrom-escuro-avermelhada, espuma intensa e persistente, aromas alcoólico e adocicado de malte torrado, encorpada, amargor muito leve e sensação residual de malte tostado e café

OBS: DEGUSTADA EM: ___/___/___

EGGENBERG HOPFEN KÖNIG

Ceveja austríaca Pilsen clara, produzida pela Schlossbrauerei Eggenberg, de baixa fermentação e teor alcoólico declarado de 5,1%
COMPOSIÇÃO BÁSICA: água, malte de cevada e lúpulo
CARACTERÍSTICAS: coloração amarelo-ouro, espuma intensa e persistente, encorpada, aroma fino de lúpulo, amargor pronunciado e sensação residual refrescante e agradavelmente amarga

OBS: DEGUSTADA EM:
___/___/___

EGGENBERG NESSIE

Cerveja austríaca clara, tipo Ale, produzida pela Schlossbrauerei Eggenberg, de alta fermentação e teor alcoólico declarado de 5%
COMPOSIÇÃO BÁSICA: água, malte de cevada tipo whisky e lúpulo
CARACTERÍSTICAS: coloração castanho-clara, espuma de boa formação e queda lenta, levemente encorpada, aroma de cereais torrados, amargor suave e sensação residual refrescante de malte caramelado

OBS: DEGUSTADA EM:
___/___/___

EGGENBERG SAMICHLAUS BIER

Ceveja austríaca clara, tipo Strong Lager, forte, produzida pela Schlossbrauerei Eggenberg, de baixa fermentação e teor alcoólico declarado de 14%
COMPOSIÇÃO BÁSICA: água, malte de cevada e lúpulo
CARACTERÍSTICAS: coloração amarelo-ouro, espuma de boa formação e queda rápida, licorosa, aromas alcoólico e frutado, amargor suave e sensação residual adocicada, frutada e alcoólica

OBS: DEGUSTADA EM:
___/___/___

EGGENBERG SAMICHLAUS HELLES

Ceveja austríaca clara, tipo Strong Lager, forte, produzida pela Schlossbrauerei Eggenberg, de baixa fermentação e teor alcoólico declarado de 14%
COMPOSIÇÃO BÁSICA: água, malte de cevada e lúpulo
CARACTERÍSTICAS: coloração amarelo-ouro intenso, pouca formação de espuma com queda rápida, aromas alcoólico e de cereais maltados, encorpada, amargor muito leve e sensação residual licorosa de malte e álcool

OBS: DEGUSTADA EM:
___/___/___

EIKBIER GOLDEN

Cerveja nacional clara, tipo Pale Ale, produzida pela Eikbier Cervejaria Artesanal, em Taboão da Serra, SP, de alta fermentação e teor alcoólico declarado de 5,5%
COMPOSIÇÃO BÁSICA: água, malte de cevada e lúpulo
CARACTERÍSTICAS: coloração amarelo-ouro, levemente turva, espuma de boa formação e baixa estabilidade, aroma frutado de ésteres e de cereais maltados, adocicada e maltada, amargor suave e sensação residual ao mesmo tempo amarga e doce

OBS: DEGUSTADA EM: ___/___/___

EIKBIER PORTER

Cerveja nacional escura, tipo Porter, produzida pela Eikbier Cervejaria Artesanal, de alta fermentação e teor alcoólico declarado de 6%
COMPOSIÇÃO BÁSICA: água, malte de cevada e lúpulo
CARACTERÍSTICAS: coloração escura quase negra, levemente turva, espuma de boa formação e média estabilidade, aroma de cereais torrados com notas de café e chocolate, sabor de malte torrado e café, amargor adstringente e sensação residual adstringente de cereal torrado

OBS: DEGUSTADA EM: ___/___/___

EIKBIER RED ALE

Cerveja nacional avermelhada, tipo Amber Ale, produzida pela Eikbier Cervejaria Artesanal, de alta fermentação e teor alcoólico declarado de 6%
COMPOSIÇÃO BÁSICA: água, malte de cevada e lúpulo
CARACTERÍSTICAS: coloração vermelho-rubi, levemente turva, espuma intensa e persistente, aroma de cereal maltado e alguns ésteres frutados, sabor adocicado de malte, amargor cítrico presente e sensação residual adocicada, levemente adstringente e seca

OBS: DEGUSTADA EM: ___/___/___

EIKBIER WEIZEN

Cerveja nacional de trigo clara, turva, tipo Weizenbier, produzida pela Eikbier Cervejaria Artesanal, de alta fermentação e teor alcoólico declarado de 5,5%
COMPOSIÇÃO BÁSICA: água, malte de cevada, malte de trigo e lúpulo
CARACTERÍSTICAS: coloração amarelo-esbranquiçada, turva pela presença de fermento, espuma intensa e duradoura, aroma frutado de ésteres e especiarias, leve com alta carbonatação, amargor suave e sensação residual refrescante e de frutas

OBS: DEGUSTADA EM: ___/___/___

EINBECHER UR-BOCK DUNKEL

Cerveja alemã escura, forte, tipo Bock, produzida pela Einbecker Brauhaus AG, na Alemanha, de baixa fermentação e teor alcoólico declarado de 6,5%
COMPOSIÇÃO BÁSICA: água, malte de cevada e lúpulo
CARACTERÍSTICAS: coloração âmbar-avermelhada, límpida, espuma de boa formação e média estabilidade, aroma de cereais maltados e caramelo, encorpada pelo álcool e adocicada, amargor harmonioso e sensação residual de aquecimento e amarga de lúpulo

OBS: DEGUSTADA EM: ___/___/___

EISENBAHN 5

Cerveja nacional escura, tipo Amber, produzida pela Cervejaria Sudbrack, do Grupo Schincariol, de baixa fermentação e teor alcoólico declarado de 5,4%
COMPOSIÇÃO BÁSICA: água, malte de cevada e lúpulo
CARACTERÍSTICAS: coloração marrom-avermelhada, espuma intensa e firme, encorpada, aroma pronunciado de lúpulo, amargor intenso e sensação residual seca e amarga devido ao lúpulo

OBS: DEGUSTADA EM: ___/___/___

EISENBAHN DUNKEL

Cerveja nacional Pilsen escura, tipo Dunkel, produzida pela Cervejaria Sudbrack, do Grupo Schincariol, de baixa fermentação e teor alcoólico declarado de 4,8%
COMPOSIÇÃO BÁSICA: água, malte de cevada e lúpulo
CARACTERÍSTICAS: coloração vermelho-escura, espuma intensa e cremosa, encorpada, aroma de malte tostado, amargor equilibrado e sensação residual de caramelo e café

OBS: DEGUSTADA EM: ___/___/___

EISENBAHN JOINVILLE PORTER

Cerveja nacional escura, tipo Robust Porter, produzida pela Cervejaria Sudbrack, do Grupo Schincariol, de alta fermentação e teor alcoólico declarado de 5,6%
COMPOSIÇÃO BÁSICA: água, malte de cevada, carboidratos e lúpulo
CARACTERÍSTICAS: coloração castanho-escura, turva, espuma intensa e com boa estabilidade, aromas intensos de malte torrado e café, encorpada, amargor floral marcante e sensação residual de malte tostado e café

OBS: DEGUSTADA EM: ___/___/___

EISENBAHN KÖLSCH

Cerveja nacional clara, tipo Kölsch, produzida pela Cervejaria Sudbrack, do Grupo Schincariol, de alta fermentação e teor alcoólico declarado de 4,8%
COMPOSIÇÃO BÁSICA: água, malte de cevada, malte de trigo e lúpulo
CARACTERÍSTICAS: coloração amarelo-ouro, espuma densa e firme, paladar seco, aroma de cereais, amargor suave e sensação residual marcante

OBS: DEGUSTADA EM: ___/___/___

EISENBAHN LUST

Cerveja nacional clara, produzida pela Cervejaria Sudbrack, do Grupo Schincariol, de fermentação secundária na garrafa pelo método Champenoise e teor alcoólico declarado de 11,5%
COMPOSIÇÃO BÁSICA: água, malte de cevada, lúpulo e açúcar
CARACTERÍSTICAS: coloração castanho-clara, espuma intensa, cremosa e firme, perlage fino, encorpada, forte, aroma frutado, amargor pronunciado e equilibrado e sensação residual refrescante e seca

OBS: DEGUSTADA EM: ___/___/___

EISENBAHN LUST PRESTIGE

Cerveja nacional clara, produzida pela Cervejaria Sudbrack, do Grupo Schincariol, de fermentação secundária de um ano na garrafa pelo método Champenoise e teor alcoólico declarado de 11,5%
COMPOSIÇÃO BÁSICA: água, malte de cevada, lúpulo e açúcar
CARACTERÍSTICAS: coloração castanho-clara, espuma intensa, cremosa e firme, perlage fino, encorpada, forte, aroma frutado, amargor pronunciado e equilibrado e sensação residual refrescante e seca

OBS: DEGUSTADA EM: ___/___/___

EISENBAHN NATURAL

Cerveja nacional Pilsen clara, produzida pela Cervejaria Sudbrack, do Grupo Schincariol, orgânica (feita com ingredientes cultivados sem agrotóxicos ou fertilizantes sintéticos), de baixa fermentação e teor alcoólico declarado de 4,8%
COMPOSIÇÃO BÁSICA: água, malte de cevada e lúpulo
CARACTERÍSTICAS: coloração amarelo-ouro, espuma intensa e persistente, encorpada e adocicada, aroma de cereais cozidos, amargor equilibrado e sensação residual de cereais cozidos

OBS: DEGUSTADA EM: ___/___/___

EISENBAHN OKTOBERFEST

Cerveja nacional Pilsen clara, produzida pela Cervejaria Sudbrack, do Grupo Schincariol, de baixa fermentação e teor alcoólico declarado de 6%
COMPOSIÇÃO BÁSICA: água, malte de cevada e lúpulo
CARACTERÍSTICAS: coloração amarelo-ouro, espuma intensa e firme, aroma de cereais maltados, encorpada, amargor agradável e sensação residual de malte com amargor harmônico

OBS: **DEGUSTADA EM:** ___/___/___

EISENBAHN PALE ALE

Cerveja nacional clara, tipo Pale Ale, produzida pela Cervejaria Sudbrack, do Grupo Schincariol, de alta fermentação e teor alcoólico declarado de 4,8%
COMPOSIÇÃO BÁSICA: água, malte de cevada e lúpulo
CARACTERÍSTICAS: coloração amarelo-escura, espuma densa e persistente, encorpada, aromas frutado e de especiarias, amargor adstringente e sensação residual picante

OBS: **DEGUSTADA EM:** ___/___/___

EISENBAHN PILSEN

Cerveja nacional Pilsen clara, produzida pela Cervejaria Sudbrack, do Grupo Schincariol, de baixa fermentação e teor alcoólico declarado de 4,8%
COMPOSIÇÃO BÁSICA: água, malte de cevada e lúpulo
CARACTERÍSTICAS: coloração amarelo-ouro, espuma de boa formação e persistente, encorpada, aroma intenso, amargor pronunciado e sensação residual agradável

OBS: **DEGUSTADA EM:** ___/___/___

EISENBAHN RAUCHBIER

Cerveja nacional Pilsen avermelhada, produzida pela Cervejaria Sudbrack, do Grupo Schincariol, de baixa fermentação, produzida com maltes defumados, com teor alcoólico declarado de 6,5%
COMPOSIÇÃO BÁSICA: água, malte de cevada defumado e lúpulo
CARACTERÍSTICAS: coloração castanho-avermelhada, espuma densa e firme, paladar seco, leve aroma defumado, amargor pronunciado e sensação residual agradável

OBS: **DEGUSTADA EM:** ___/___/___

EISENBAHN STRONG GOLDEN ALE

Cerveja nacional Ale clara, tipo Strong Ale dourada, produzida pela Cervejaria Sudbrack, do Grupo Schincariol, de alta fermentação e teor alcoólico declarado de 8,5%
COMPOSIÇÃO BÁSICA: água, malte de cevada e lúpulo
CARACTERÍSTICAS: coloração amarelo-ouro, espuma intensa e firme, encorpada, forte, alcoólica, aroma de especiarias, amargor de lúpulo harmonioso e sensação residual agradavelmente amarga e alcoólica

OBS:

DEGUSTADA EM: ___/___/___

EISENBAHN WEIHNACHTS ALE

Cerveja nacional Ale escura, tipo Amber Ale, produzida pela Cervejaria Sudbrack, do Grupo Schincariol, de alta fermentação e teor alcoólico declarado de 6,3%
COMPOSIÇÃO BÁSICA: água, malte de cevada e lúpulo
CARACTERÍSTICAS: coloração castanha, espuma intensa e firme, encorpada, forte, aroma de especiarias, amargor de lúpulo harmonioso e sensação residual de malte torrado e alcoólica

OBS:

DEGUSTADA EM: ___/___/___

EISENBAHN WEIZENBIER

Cerveja nacional clara, tipo de trigo, produzida pela Cervejaria Sudbrack, do Grupo Schincariol, de alta fermentação e teor alcoólico declarado de 4,8%
COMPOSIÇÃO BÁSICA: água, malte de cevada, malte de trigo e lúpulo
CARACTERÍSTICAS: coloração amarelo-clara, turva pela presença de fermento, espuma intensa e consistente, ácida, aroma suave de especiarias, amargor agradável e sensação residual de banana e refrescante

OBS:

DEGUSTADA EM: ___/___/___

EISENBAHN WEIZENBOCK

Cerveja nacional Ale escura, tipo Weizenbock, refermentada na própria garrafa, produzida pela Cervejaria Sudbruck, do Grupo Schincariol, de alta fermentação e teor alcoólico declarado de 8%
COMPOSIÇÃO BÁSICA: água, malte de cevada, mate de trigo e lúpulo
CARACTERÍSTICAS: coloração castanha, espuma intensa e firme, aromas de cereais e frutado, turva pela presença de fermento, amargor pronunciado e sensação residual de malte tostado

OBS:

DEGUSTADA EM: ___/___/___

ERDINGER CHAMP WEISSBIER

Cerveja de trigo alemã clara, produzida pela Erdinger Weissbräu, em Erding, refermentada na própria garrafa, de alta fermentação e teor alcoólico declarado de 4,7%
COMPOSIÇÃO BÁSICA: água, malte de trigo, malte de cevada e lúpulo
CARACTERÍSTICAS: coloração amarelo-ouro, turva pela presença de fermento, espuma intensa e firme, menos encorpada que a Erdinger Weissbier, aroma lembrando cravo, amargor delicado e sensação residual amarga e agradável

OBS: DEGUSTADA EM: ___/___/___

ERDINGER OKTOBERFEST WEISSBIER

Cerveja alemã clara, turva, tipo de trigo, produzida pela Erdinger Weissbräu, de alta fermentação e teor alcoólico declarado de 5,7%
COMPOSIÇÃO BÁSICA: água, malte de cevada, malte de trigo e lúpulo
CARACTERÍSTICAS: coloração amarelo-ouro, turva pela presença de fermento, espuma intensa e cremosa, aromas de cereais e especiarias, encorpada, amargor harmonioso e sensação residual refrescante e de cravo

OBS: DEGUSTADA EM: ___/___/___

ERDINGER PIKANTUS

Cerveja alemã de trigo escura, forte, tipo Bock, produzida pela Erdinger Weissbräu, refermentada na própria garrafa, de alta fermentação e teor alcoólico declarado de 7,3%
COMPOSIÇÃO BÁSICA: água, malte de cevada, malte torrado, malte de trigo e lúpulo
CARACTERÍSTICAS: coloração castanho-avermelhada, turva devido à presença de fermento, espuma intensa e firme, encorpada, aromas complexos de malte torrado e ésteres, suavemente amarga e sensação residual refrescante

OBS: DEGUSTADA EM: ___/___/___

ERDINGER URWEISSE

Cerveja alemã clara, tipo de trigo, produzida pela Erdinger Weissbräu, de alta fermentação e teor alcoólico declarado de 5,2%
COMPOSIÇÃO BÁSICA: água, malte de cevada, trigo e lúpulo
CARACTERÍSTICAS: coloração amarelo-ouro, turva pela refermentação na garrafa, espuma intensa e persistente, aroma frutado de ésteres, encorpada e suave, amargor leve e sensação residual refrescante

OBS: DEGUSTADA EM: ___/___/___

ERDINGER WEISSBIER

Cerveja alemã de trigo clara, produzida pela Erdinger Weissbräu, refermentada na própria garrafa, de alta fermentação e teor alcoólico declarado de 5,3%
COMPOSIÇÃO BÁSICA: água, malte de cevada, malte de trigo e lúpulo
CARACTERÍSTICAS: coloração amarelo-ouro, turva pela presença de fermento, espuma densa e persistente, encorpada pelo fermento, aroma complexo de especiarias, amargor suave e sensação residual agradável e refrescante

OBS:

DEGUSTADA EM:
___/___/___

ERDINGER WEISSBIER ALKOHOLFREI

Cerveja alemã clara, tipo de trigo, sem álcool, produzida pela Erdinger Weissbräu e de alta fermentação
COMPOSIÇÃO BÁSICA: água, malte de cevada, malte de trigo e lúpulo
CARACTERÍSTICAS: coloração amarelo-ouro, turva pela presença de fermento, espuma forte e de queda lenta, aroma de cereais cozidos, encorpada, amargor suave e sensação residual doce de cereais cozidos

OBS:

DEGUSTADA EM:
___/___/___

ERDINGER WEISSBIER DUNKEL

Cerveja de trigo alemã escura, produzida pela Erdinger Weissbräu, refermentada na garrafa, de alta fermentação e teor alcoólico de 5,6%
COMPOSIÇÃO BÁSICA: água, lúpulo e maltes de trigo, de cevada e torrado
CARACTERÍSTICAS: coloração castanho-avermelhada, turva pela presença de fermento, espuma intensa, leve, aroma de malte torrado, amargor suave e sensação residual refrescante

OBS:

DEGUSTADA EM:
___/___/___

ESTRADA REAL IPA FALKE BIER

Cerveja nacional, tipo India Pale Ale, produzida pela microcervejaria Falke Bier, em Ribeirão das Neves, MG, de alta fermentação e teor alcoólico declarado de 7,5%
COMPOSIÇÃO BÁSICA: água, malte de cevada, carboidratos e lúpulo
CARACTERÍSTICAS: coloração acobreada, límpida, espuma intensa e de boa estabilidade, aromas de lúpulo e ésteres, encorpada, amargor intenso e agradável e sensação residual adstringente, amarga e seca

OBS:

DEGUSTADA EM:
___/___/___

ESTRADA REAL WEISSBIER FALKE BIER

Cerveja nacional de trigo clara, tipo Weizenbier, produzida pela Microcervejaria Falke Bier Ltda, de alta fermentação e teor alcoólico declarado de 4,5%
COMPOSIÇÃO BÁSICA: água, malte de cevada, malte de trigo e lúpulo
CARACTERÍSTICAS: coloração âmbar-clara, turva pela presença de fermento, espuma intensa e de boa estabilidade, aroma frutado de ésteres e especiarias, leve com alta carbonatação, amargor suave e sensação residual refrescante, adocicada e adstringente

OBS: DEGUSTADA EM: ___/___/___

ESTRELLA DAMM

Cerveja espanhola Pilsen clara, produzida pela Damm, de baixa fermentação e teor alcoólico declarado de 4,6%
COMPOSIÇÃO BÁSICA: água, malte de cevada, cereais não maltados e lúpulo
CARACTERÍSTICAS: coloração amarelo-clara, espuma de boa formação e queda lenta, aroma suave de cereais maltados, corpo muito leve, amargor muito suave e sensação residual refrescante

OBS: DEGUSTADA EM: ___/___/___

ESTRELLA DAMM DAURA

Cerveja espanhola Pilsen clara, com baixo teor de glúten, produzida pela Damm, de baixa fermentação e teor alcoólico declarado de 5,4%
COMPOSIÇÃO BÁSICA: água, malte de cevada, cereais não maltados e lúpulo
CARACTERÍSTICAS: coloração amarelo-clara, espuma de boa formação e queda lenta, aroma suave de cereais maltados, corpo leve, amargor suave e sensação residual refrescante e um pouco amarga

OBS: DEGUSTADA EM: ___/___/___

ESTRELLA DAMM INEDIT

Cerveja espanhola clara, tipo Witbier, produzida pela Damm, de alta fermentação e teor alcoólico declarado de 4,8%
COMPOSIÇÃO BÁSICA: água, malte de cevada, trigo, carboidratos e lúpulo
CARACTERÍSTICAS: coloração amarelo-clara, turva pela presença de fermento, espuma intensa e firme, aroma complexo de especiarias, suave, amargor muito leve e sensação residual frutada, herbácea e floral

OBS: DEGUSTADA EM: ___/___/___

ETOILE DU NORD

Cerveja francesa, tipo Belgian Ale, produzida pela Brasserie Thiriez, em Esquelbecq, de alta fermentação e teor alcoólico declarado de 5,5%
COMPOSIÇÃO BÁSICA: água, malte de cevada e lúpulo
CARACTERÍSTICAS: coloração amarelo-clara, límpida, espuma intensa e persistente, aromas de lúpulo com notas frutais e cereal maltado, corpo médio, amargor harmônico e sensação residual amarga de lúpulo e refrescante

OBS: **DEGUSTADA EM:**
                                                                   ___/___/___

FALKE BIER DIAMANTINA

Cerveja nacional clara, tipo Bohemian Pilsener, produzida pela microcervejaria Falke Bier Ltda, de Ribeirão das Neves, MG, de baixa fermentação e teor alcoólico declarado de 4,5%
COMPOSIÇÃO BÁSICA: água, malte de cevada e lúpulo
CARACTERÍSTICAS: coloração amarelo-ouro, límpida, espuma de boa formação e boa estabilidade, aroma de cereal maltado e lúpulo floral, sabor equilibrado entre o malte e o lúpulo, amargor harmonioso e sensação residual agradavelmente amarga e encorpada

OBS: **DEGUSTADA EM:**
                                                                   ___/___/___

FALKE BIER OURO PRETO

Cerveja nacional, tipo Schwarzbier, produzida pela microcervejaria Falke Bier, de baixa fermentação e teor alcoólico declarado de 4,5%
COMPOSIÇÃO BÁSICA: água, malte de cevada e lúpulo
CARACTERÍSTICAS: coloração negro-avermelhada, límpida, espuma de boa formação e persistente, aromas de malte torrado e café, corpo médio-baixo, amargor adstringente de malte torrado e sensação residual de café, amarga e seca

OBS: **DEGUSTADA EM:**
                                                                   ___/___/___

FALKE BIER VILLA RICA

Cerveja nacional escura, tipo Dry Stout, produzida pela microcervejaria Falke Bier Ltda, de alta fermentação e teor alcoólico declarado de 4,5%
COMPOSIÇÃO BÁSICA: água, malte de cevada e lúpulo
CARACTERÍSTICAS: coloração negra, espuma de boa formação e boa estabilidade, aroma de malte torrado, café e toffee, suave e com predominância de torrefação e café, amargor adstringente e sensação residual adstringente, de café e seca

OBS: **DEGUSTADA EM:**
                                                                   ___/___/___

FALKE BIER VIVRE POUR VIVRE

Cerveja nacional escura, tipo Fruit Lambic, produzida pela microcervejaria Falke Bier Ltda, de alta fermentação e teor alcoólico declarado de 4,5%
COMPOSIÇÃO BÁSICA: água, malte de cevada, malte de trigo, aveia, suco de jaboticaba e lúpulo
CARACTERÍSTICAS: coloração âmbar-avermelhada, turva com sedimentos, espuma de boa formação e queda rápida, aroma fortemente cítrico de frutas, sabor ácido e picante, amargor imperceptível e sensação residual refrescante ácida e picante

OBS:

DEGUSTADA EM:
___/___/___

FALKE TRIPEL MONASTERIUM

Cerveja nacional acastanhada, tipo Ale Triple Abadia, produzida pela microcervejaria Falke Bier, de fermentação secundária na garrafa e teor alcoólico declarado de 9%
COMPOSIÇÃO BÁSICA: água, malte de cevada, malte de trigo, malte de aveia e lúpulo
CARACTERÍSTICAS: coloração castanho-avermelhada, turva pela presença de fermento, espuma intensa e firme, encorpada, forte, aroma frutado, amargor harmonioso e sensação residual amadeirada e seca

OBS:

DEGUSTADA EM:
___/___/___

FASS

Cerveja nacional Pilsen clara, produzida pela Cervejaria Premium, de baixa fermentação e teor alcoólico declarado de 4,8%
COMPOSIÇÃO BÁSICA: água, malte de cevada, cereais não maltados, carboidratos e lúpulo
CARACTERÍSTICAS: coloração amarelo-clara, espuma de boa formação e queda lenta, corpo leve, aroma frutado, amargor suave e sensação residual levemente amarga

OBS:

DEGUSTADA EM:
___/___/___

FLENSBURGER DUNKEL

Cerveja alemã escura, tipo Dunkel, produzida pela Flensburger Brauerei, em Flensburg, na Alemanha, de baixa fermentação e teor alcoólico declarado de 4,8%
COMPOSIÇÃO BÁSICA: água, malte de cevada e lúpulo
CARACTERÍSTICAS: coloração âmbar-avermelhada, límpida, espuma de boa formação e boa estabilidade, aroma de cereais torrados e toffe e, encorpada e adocicada, amargor adstringente do malte torrado e sensação residual adocicada e adstringente

OBS:

DEGUSTADA EM:
___/___/___

FLENSBURGER GOLD

Cerveja alemã clara, tipo Export, produzida pela Flensburger Brauerei, em Flensburg, de baixa fermentação e teor alcoólico declarado de 4,8%
COMPOSIÇÃO BÁSICA: água, malte de cevada e lúpulo
CARACTERÍSTICAS: coloração amarelo-ouro, límpida, espuma de boa formação e persistente, aroma de malte e lúpulo floral, adocicada, encorpada e lupulada harmoniosamente e sensação residual refrescante e agradavelmente amarga

OBS:
DEGUSTADA EM: ___/___/___

FLENSBURGER PILSENER

Cerveja alemã clara, tipo German Pilsener, produzida pela Flensburger Brauerei, em Flensburg, de baixa fermentação e teor alcoólico declarado de 4,8%
COMPOSIÇÃO BÁSICA: água, malte de cevada e lúpulo
CARACTERÍSTICAS: coloração amarelo-brilhante, límpida, espuma de boa formação e boa estabilidade, aroma de cereais maltados e lúpulo floral, sabor maltado e amargo, amargor intenso e sensação residual seca com amargor prolongado

OBS:
DEGUSTADA EM: ___/___/___

FLENSBURGER WEIZEN

Cerveja alemã clara de trigo, tipo Weizenbier, produzida pela Flensburger Brauerei, em Flensburg, de alta fermentação e teor alcoólico declarado de 5,1%
COMPOSIÇÃO BÁSICA: água, malte de cevada, malte de trigo e lúpulo
CARACTERÍSTICAS: coloração amarelo-clara, turva pela presença de fermento, espuma de boa formação e boa estabilidade, aroma frutado de ésteres e especiarias, sabor de cereal maltado e leve cítrico, amargor suave e sensação residual cítrica refrescante

OBS:
DEGUSTADA EM: ___/___/___

FLENSBURGER WINTERBOCK

Cerveja alemã castanho-clara, tipo Bock, produzida pela Flensburger Brauerei, em Flensburg, de baixa fermentação e teor alcoólico declarado de 7%
COMPOSIÇÃO BÁSICA: água, malte de cevada e lúpulo
CARACTERÍSTICAS: coloração amarelo-ouro velho, límpida, espuma de boa formação e boa estabilidade, aroma de cereais maltados e álcool, encorpada pelo álcool e malte torrado, amargor equilibrado e sensação residual seca e de aquecimento

OBS:
DEGUSTADA EM: ___/___/___

FRANZISKANER HEFE-WEISSBIER DUNKEL

Cerveja alemã, tipo de trigo escura, produzida pela Spaten-Franziskaner-Bräu, em Munique, refermentada na garrafa, de alta fermentação e teor alcoólico declarado de 5%
COMPOSIÇÃO BÁSICA: água, malte de trigo, malte de cevada e lúpulo
CARACTERÍSTICAS: coloração marrom-acastanhada, espuma intensa e persistente, turva pela presença de fermento, corpo médio-baixo e levemente ácido, aromas de caramelo, cravo e tostado, amargor suave e sensação residual de caramelo e adstringente pelo fermento

OBS: DEGUSTADA EM:
                                                                         ___/___/___

FRANZISKANER HEFE-WEISSBIER HELL

Cerveja alemã clara, de trigo, refermentada na garrafa, produzida pela Spaten-Franziskaner-Bräu, de alta fermentação e teor alcoólico declarado de 5%
COMPOSIÇÃO BÁSICA: água, malte de cevada, malte de trigo e lúpulo
CARACTERÍSTICAS: coloração amarelo-ouro, espuma intensa e cremosa, turva pela presença de fermento, encorpada, aroma frutado, amargor pronunciado e sensação residual refrescante e suavemente amarga

OBS: DEGUSTADA EM:
                                                                         ___/___/___

FRANZISKANER WEISSBIER KRISTALLKLAR

Cerveja alemã clara, de trigo, produzida pela Spaten-Franziskaner-Bräu, de alta fermentação e teor alcoólico declarado de 5%
COMPOSIÇÃO BÁSICA: água, malte de cevada, malte de trigo e lúpulo
CARACTERÍSTICAS: coloração amarelo-ouro, espuma intensa e firme, límpida pela ausência de fermento, leve, aroma frutado, amargor harmonioso e sensação residual refrescante e frutada

OBS: DEGUSTADA EM:
                                                                         ___/___/___

FREVO

Cerveja nacional Pilsen clara, produzida pela Cervejaria Frevo, de baixa fermentação e teor alcoólico declarado de 4,7%
COMPOSIÇÃO BÁSICA: água, malte de cevada, carboidratos e lúpulo
CARACTERÍSTICAS: coloração amarelo-clara, espuma intensa e persistente, leve, aroma suave de cereais cozidos, amargor muito leve e sensação residual persistente de cereais

OBS: DEGUSTADA EM:
                                                                         ___/___/___

FRÜH KÖLSCH

Cerveja alemã clara, tipo Kölsch, produzida pela Cölner Hofbrau, em Colônia, na Alemanha, de alta fermentação e teor alcoólico declarado de 4,8%
COMPOSIÇÃO BÁSICA: água, malte de cevada e lúpulo
CARACTERÍSTICAS: coloração amarelo-ouro, límpida, espuma de boa formação e boa estabilidade, aroma de cereal maltado e de lúpulo, sabor adocicado e seco, amargor herbal presente e sensação residual seca e refrescante

OBS: DEGUSTADA EM: ___/___/___

FULLER'S 1845

Cerveja inglesa escura, forte, tipo Strong Ale, com resíduo de fermento na garrafa, produzida pela Fuller Brewery, em Londres, de alta fermentação e teor alcoólico declarado de 6,3%
COMPOSIÇÃO BÁSICA: água, malte de cevada e lúpulo
CARACTERÍSTICAS: coloração castanho-escura, levemente turva pela presença de fermento, espuma intensa e firme, encorpada, aromas frutado e de chocolate, amargor intenso e harmonioso e sensação residual seca e agradavelmente amarga

OBS: DEGUSTADA EM: ___/___/___

FULLER'S ESB CHAMPION ALE

Cerveja inglesa escura, forte, tipo Premium Ale, produzida pela Fuller Brewery, de alta fermentação e teor alcoólico declarado de 5,9%
COMPOSIÇÃO BÁSICA: água, malte de cevada e lúpulo
CARACTERÍSTICAS: coloração castanho-escura, espuma intensa e firme, encorpada, aromas frutado e de cereal tostado, amargor intenso e sensação residual agradavelmente amarga e de malte caramelado

OBS: DEGUSTADA EM: ___/___/___

FULLER'S GOLDEN PRIDE

Cerveja inglesa escura, forte, tipo Strong Ale, produzida pela Fuller Brewery, de alta fermentação e teor alcoólico declarado de 8,5%
COMPOSIÇÃO BÁSICA: água, malte de cevada e lúpulo
CARACTERÍSTICAS: coloração castanho-escura, espuma intensa e cremosa, bastante encorpada, aromas intensos de frutas e cereais, amargor pronunciado e sensação residual complexa de frutas, amargor e álcool

OBS: DEGUSTADA EM: ___/___/___

FULLER'S HONEY DEW

Cerveja inglesa clara, tipo Golden Ale, orgânica, produzida pela Fuller Brewery, de alta fermentação e teor alcoólico declarado de 5%
COMPOSIÇÃO BÁSICA: água, malte de cevada, cevada, mel e lúpulo
CARACTERÍSTICAS: coloração amarelo-clara, suave, espuma intensa e persistente, aroma adocicado, amargor balanceado e sensação residual agradavelmente refrescante e doce

OBS:

DEGUSTADA EM: ___/___/___

FULLER'S INDIA PALE ALE

Cerveja inglesa clara, tipo India Pale Ale, produzida pela Fuller Brewery, de alta fermentação e teor alcoólico declarado de 5,3%
COMPOSIÇÃO BÁSICA: água, malte de cevada, cereais não maltados e lúpulo
CARACTERÍSTICAS: coloração amarelo-ouro intenso, espuma de boa formação e queda lenta, aroma cítrico de lúpulo, encorpada, amargor pronunciado e sensação residual agradavelmente amarga para o estilo

OBS:

DEGUSTADA EM: ___/___/___

FULLER'S LONDON PORTER

Cerveja inglesa escura, forte, tipo Porter, produzida pela Fuller Brewery, de alta fermentação e teor alcoólico declarado de 5,4%
COMPOSIÇÃO BÁSICA: água, malte de cevada, cereais não maltados e lúpulo
CARACTERÍSTICAS: coloração negro-avermelhada, espuma intensa e persistente, encorpada, aromas de cereais torrados e chocolate, amargor intenso e adstringente e sensação residual de caramelo e malte torrado

OBS:

DEGUSTADA EM: ___/___/___

FULLER'S LONDON PRIDE

Cerveja inglesa clara, tipo Premium Ale, produzida pela Fuller Brewery, de alta fermentação e teor alcoólico declarado de 4,7%
COMPOSIÇÃO BÁSICA: água, malte de cevada e lúpulo
CARACTERÍSTICAS: coloração castanho-acobreada, espuma de boa formação e persistente, encorpada, aroma forte de ésteres, amargor intenso e adstringente e sensação residual persistente e agradável de lúpulo

OBS:

DEGUSTADA EM: ___/___/___

FULLER'S VINTAGE ALE 2008

Cerveja inglesa escura, tipo Vintage, produzida pela Fuller Brewery, de alta fermentação e teor alcoólico declarado de 8,5%
COMPOSIÇÃO BÁSICA: água, malte de cevada, cereais não maltados e lúpulo
CARACTERÍSTICAS: coloração castanho-claro-alaranjada, espuma de boa formação e queda lenta, aromas de especiarias e amadeirado, encorpada e forte, amargor elevado e harmonioso e sensação residual de caramelo e especiarias

OBS: DEGUSTADA EM: ___/___/___

GAUDENBIER PILSEN

Cerveja nacional Pilsen clara, produzida pela Gaudenbier Cervejaria, em Curitiba, PR, de baixa fermentação e teor alcoólico não declarado no rótulo e estimado em 4,5%
COMPOSIÇÃO BÁSICA: não está declarada no rótulo e no teste sensorial comportou-se como uma puro malte
CARACTERÍSTICAS: coloração amarelo-clara, espuma de boa formação e queda lenta, aroma suave de malte, corpo suave, amargor muito leve e sensação residual refrescante

OBS: DEGUSTADA EM: ___/___/___

GAUDENBIER PILSEN GOLD

Cerveja nacional Pilsen clara, produzida pela Gaudenbier Cervejaria, de baixa fermentação e teor alcoólico não declarado no rótulo e estimado em 4,6%
COMPOSIÇÃO BÁSICA: não está declarada no rótulo e no teste sensorial comportou-se como uma puro malte
CARACTERÍSTICAS: coloração amarelo-ouro, espuma intensa e firme, aroma pronunciado de cereais, encorpada, amargor agradável e sensação residual harmoniosamente amarga e de malte

OBS: DEGUSTADA EM: ___/___/___

GAVROCHE

Cerveja francesa, tipo Strong Ale - Bière de Garde, produzida pela Brasserie St. Sylvestre, em Saint Sylvestre Cappel, refermentada na garrafa, de alta fermentação e teor alcoólico declarado de 8,5%
COMPOSIÇÃO BÁSICA: água, malte de cevada e lúpulo
CARACTERÍSTICAS: coloração castanho-avermelhada, turva pela presença de fermento, espuma intensa e persistente, aromas frutado e levemente amadeirado, corpo médio-alto, sabor de cereais maltados, amargor marcante e sensação residual de ervas e de aquecimento

OBS: DEGUSTADA EM: ___/___/___

GERMÂNIA CHOPP & VINHO

Bebida mista resultante da mistura de cerveja tipo Pilsen e de vinho tinto, produzida pela Ind. e Com. de Bebidas e Conexos Germânia, em Vinhedo, SP, de baixa fermentação e teor alcoólico declarado de 6,8%
COMPOSIÇÃO BÁSICA: água, malte de cevada, vinho tinto e lúpulo
CARACTERÍSTICAS: coloração avermelhada devido à adição de vinho, límpida, espuma de boa formação e média estabilidade, aroma frutado de vinho, sabor ácido e frutado, amargor muito suave de lúpulo e levemente adstringente e sabor residual doce, refrescante e frutado

OBS:

DEGUSTADA EM:
___/___/___

GERMÂNIA ESCURA

Cerveja nacional Pilsen escura, produzida pela Cervejaria Germânia, de Vinhedo, SP, de baixa fermentação e teor alcoólico declarado de 4%
COMPOSIÇÃO BÁSICA: água, malte de cevada, cereais não maltados, carboidratos, lúpulo e corante caramelo
CARACTERÍSTICAS: coloração vermelho-escura, espuma de boa formação e queda lenta, corpo leve e doce, aroma suave, amargor muito suave e sensação residual adocicada

OBS:

DEGUSTADA EM:
___/___/___

GERMÂNIA PILSEN

Cerveja nacional Pilsen clara, produzida pela Cervejaria Germânia, de baixa fermentação e teor alcoólico declarado de 3,5%
COMPOSIÇÃO BÁSICA: água, malte de cevada, cereais não maltados, carboidratos e lúpulo
CARACTERÍSTICAS: coloração amarelo-clara, espuma boa com queda lenta, leve, aroma discreto, amargor muito suave e sensação residual agradável

OBS:

DEGUSTADA EM:
___/___/___

GEUZE BOON MARIAGE PARFAIT

Cerveja belga clara, tipo Lambic, produzida pela Brouwerij Boon, em Lembeek, de alta fermentação e teor alcoólico declarado de 8%
COMPOSIÇÃO BÁSICA: água, malte de cevada, trigo e lúpulo
CARACTERÍSTICAS: coloração amarelo-ouro, turva pela refermentação na garrafa, espuma de pequena formação e queda rápida, aroma complexo de ésteres, encorpada e um pouco ácida, amargor harmonioso e sensação residual amarga e adstringente

OBS:

DEGUSTADA EM:
___/___/___

GLACIAL

Cerveja nacional Pilsen clara, produzida pelo Grupo Schincariol, de baixa fermentação e teor alcoólico declarado de 4,4%
COMPOSIÇÃO BÁSICA: água, malte de cevada, cereais não maltados, carboidratos e lúpulo
CARACTERÍSTICAS: coloração amarelo-clara, espuma de boa formação e queda lenta, corpo leve, aroma de cereais, amargor suave e sensação residual refrescante

OBS: DEGUSTADA EM: ___/___/___

GONZO IMPERIAL PORTER

Cerveja norte-americana, tipo Imperial Porter, produzida pela Flying Dog Brewery, de alta fermentação e teor alcoólico declarado de 7,8%
COMPOSIÇÃO BÁSICA: água, malte de cevada e lúpulo
CARACTERÍSTICAS: coloração negra, espuma abundante e persistente, aromas intensos de malte tostado e lúpulo, encorpada e adstringente, amargor intenso e equilibrado e sensação residual amarga de lúpulo e adocicada de maltes torrados

OBS: DEGUSTADA EM: ___/___/___

GREENE KING ABBOT ALE

Cerveja inglesa escura, forte, tipo Cask Ale, produzida pela Greene King, em Suffolk, de alta fermentação e teor alcoólico declarado de 5%
COMPOSIÇÃO BÁSICA: água, malte de cevada, cevada e lúpulo
CARACTERÍSTICAS: coloração castanho-escura, espuma intensa e cremosa, encorpada e adocicada, aromas de malte e lúpulo, amargor pronunciado e sensação residual de malte tostado

OBS: DEGUSTADA EM: ___/___/___

GREENE KING IPA

Cerveja inglesa escura, forte, tipo India Pale Ale, produzida pela Greene King, de alta fermentação e teor alcoólico declarado de 3,6%
COMPOSIÇÃO BÁSICA: água, malte de cevada e lúpulo
CARACTERÍSTICAS: coloração castanho-escura, espuma de boa formação e firme, encorpada e caramelizada, aromas frutado e de lúpulo, amargor acentuado e sensação residual amarga e picante

OBS: DEGUSTADA EM: ___/___/___

GREENE KING OLD SPECKLED HEN

Cerveja inglesa escura, forte, tipo Pale Ale, produzida pela Greene King, de alta fermentação e teor alcoólico declarado de 5,2%
COMPOSIÇÃO BÁSICA: água, malte de cevada e lúpulo
CARACTERÍSTICAS: coloração castanho-escura, espuma de boa formação e firme, encorpada e adstringente, aromas frutado e de lúpulo, amargor suave e sensação residual de malte torrado

OBS:

DEGUSTADA EM: ___/___/___

GREENE KING RUDDLES COUNTY

Cerveja inglesa escura, forte, tipo Premium Bitter - ESB, produzida pela Greene King, de alta fermentação e teor alcoólico declarado de 4,7%
COMPOSIÇÃO BÁSICA: água, malte de cevada e lúpulo
CARACTERÍSTICAS: coloração castanho-escura, espuma intensa e firme, encorpada e amarga, aroma forte de lúpulo, amargor pronunciado e persistente e sensação residual de lúpulo

OBS:

DEGUSTADA EM: ___/___/___

GREENE KING ST. EDMUND'S

Cerveja inglesa clara, tipo Golden Ale, produzida pela Greene King, de alta fermentação e teor alcoólico declarado de 4,2%
COMPOSIÇÃO BÁSICA: água, malte de cevada, cereais não maltados e lúpulo
CARACTERÍSTICAS: coloração amarelo-clara, espuma de baixa formação e instável, aroma complexo de ésteres, corpo leve e rascante, amargor delicado e sensação residual refrescante e agradavelmente amarga

OBS:

DEGUSTADA EM: ___/___/___

GREENE KING STRONG SUFFOLK

Cerveja inglesa escura, forte, tipo Vintage Ale, produzida por Greene King, de alta fermentação e teor alcoólico declarado de 6%
COMPOSIÇÃO BÁSICA: água, cevada, malte de cevada e lúpulo
CARACTERÍSTICAS: coloração castanho-avermelhada, espuma intensa e persistente, forte e encorpada, aroma de frutas, amargor pronunciado e adstringente e sensação residual de cereal torrado

OBS:

DEGUSTADA EM: ___/___/___

GREENE KING STRONG SUFFOLK VINTAGE ALE

Cerveja inglesa escura, forte, tipo Vintage Ale, produzida pela Greene King, de alta fermentação e teor alcoólico declarado de 6%
COMPOSIÇÃO BÁSICA: água, cevada, malte de cevada e lúpulo
CARACTERÍSTICAS: coloração castanho-avermelhada, espuma intensa e persistente, forte e encorpada, aroma de frutas, amargor pronunciado e adstringente e sensação residual de cereal torrado

OBS:

DEGUSTADA EM: ___/___/___

GREENE KING WEXFORD ORIGINAL IRISH CREAM ALE

Cerveja inglesa, avermelhada, produzida pela Greene King, forte, de alta fermentação e teor alcoólico declarado de 5%, com adição de nitrogênio
COMPOSIÇÃO BÁSICA: água, malte de cevada, cevada e lúpulo
CARACTERÍSTICAS: coloração castanho-avermelhada, espuma de boa formação e queda lenta, incrementada pelo nitrogênio, encorpada e cremosa, aroma de especiarias, amargor acentuado e sensação residual de malte torrado

OBS:

DEGUSTADA EM: ___/___/___

GUINNESS

Cerveja irlandesa escura, tipo Stout, produzida pela Guinness & Co, em Dublin, de alta fermentação e teor alcoólico declarado de 4,2%, adicionada de gás nitrogênio
COMPOSIÇÃO BÁSICA: água, malte de cevada, cevada torrada e lúpulo
CARACTERÍSTICAS: coloração castanho-escura quase negra, espuma densa e firme aditivada pela presença de nitrogênio, encorpada, aroma de café torrado, amargor pronunciado e sensação residual adstringente

OBS:

DEGUSTADA EM: ___/___/___

GUITT'S EXTRA

Cerveja nacional, tipo Pilsen Extra, produzida pela Cervejaria Guitt's, em Caieiras, SP, de baixa fermentação e teor alcoólico declarado de 4,8%
COMPOSIÇÃO BÁSICA: água, malte de cevada e lúpulo
CARACTERÍSTICAS: coloração amarelo-clara, límpida, espuma de boa formação e queda lenta, aroma de cereais maltados, corpo suave, amargor harmonioso presente e sensação residual amarga e de cereais

OBS:

DEGUSTADA EM: ___/___/___

GUITT'S MALZBIER

Cerveja nacional Pilsen escura, tipo Malzbier, produzida pela Cervejaria Guitt's, de baixa fermentação e teor alcoólico declarado de 4,7%
COMPOSIÇÃO BÁSICA: água, malte de cevada, xarope de alta maltose, carboidratos e lúpulo
CARACTERÍSTICAS: coloração negro-avermelhada, espuma de boa formação e boa estabilidade, adocicada, aroma suave, amargor muito suave e sensação residual adocicada

OBS: DEGUSTADA EM: ___/___/___

GUITT'S PILSEN

Cerveja nacional Pilsen clara, produzida pela Cervejaria Guitt's, de baixa fermentação e teor alcoólico declarado de 4,7%
COMPOSIÇÃO BÁSICA: água, malte de cevada, cereais não maltados, carboidratos e lúpulo
CARACTERÍSTICAS: coloração amarelo-clara, espuma de boa formação e boa estabilidade, muito leve, aroma suave, amargor delicado e sensação residual refrescante e suave

OBS: DEGUSTADA EM: ___/___/___

HACKER-PSCHORR ANNO 1417

Cerveja alemã Pilsen clara, turva, produzida pela Cervejaria Hacker-Pschorr, em Munique, de baixa fermentação e teor alcoólico declarado de 5,5%
COMPOSIÇÃO BÁSICA: água, malte de cevada e lúpulo
CARACTERÍSTICAS: coloração âmbar, turva, espuma de boa formação e queda lenta, encorpada e amarga, aroma de cereal tostado, amargor pronunciado e sensação residual amarga pela presença de fermento

OBS: DEGUSTADA EM: ___/___/___

HARP PREMIUM

Cerveja irlandesa Pilsen clara, produzida pela Cervejaria Harp (Great Northern Brewery), em Dundalk, de baixa fermentação e teor alcoólico declarado de 5%
COMPOSIÇÃO BÁSICA: água, malte de cevada e lúpulo
CARACTERÍSTICAS: coloração amarelo-ouro, espuma de boa formação e boa estabilidade, encorpada, aroma de cereais maltados, amargor pronunciado e sensação residual amarga e de cereais cozidos

OBS: DEGUSTADA EM: ___/___/___

HARVIESTOUN BITTER & TWISTED

Cerveja inglesa clara, tipo India Pale Ale, produzida pela Harviestoun Brewery, em Alva, de alta fermentação e teor alcoólico declarado de 4,2%
COMPOSIÇÃO BÁSICA: água, malte de cevada, trigo, aveia e lúpulo
CARACTERÍSTICAS: coloração amarelo-clara, espuma de boa formação e estabilidade, aroma floral de lúpulo, corpo fortemente lupulado, amargor intenso e sensação residual refrescante e agradavelmente amarga

OBS:

DEGUSTADA EM: ___/___/___

HARVIESTOUN OLA DUBH 18

Cerveja escocesa escura, tipo Old Ale, produzida pela Harviestoun Brewery, de alta fermentação e teor alcoólico declarado de 8%
COMPOSIÇÃO BÁSICA: água, malte de cevada, aveia e lúpulo
CARACTERÍSTICAS: coloração negra profunda, espuma de boa formação e boa estabilidade, aromas complexos de malte torrado, ésteres e madeira, encorpada, amargor suave e sensação residual adocicada de malte tostado e toffee

OBS:

DEGUSTADA EM: ___/___/___

HARVIESTOUN OLA DUBH 40

Cerveja escocesa escura, tipo Old Ale, produzida pela Harviestoun Brewery, de alta fermentação e teor alcoólico declarado de 8%
COMPOSIÇÃO BÁSICA: água, malte de cevada, aveia e lúpulo
CARACTERÍSTICAS: coloração negro-avermelhada, espuma de boa formação e boa estabilidade, aromas complexos de malte torrado e madeira, encorpada, amargor suave e sensação residual adocicada de malte tostado e toffee

OBS:

DEGUSTADA EM: ___/___/___

HARVIESTOUN OLD ENGINE OIL

Cerveja inglesa escura, tipo Dark Ale, produzida pela Harviestoun Brewery, de alta fermentação e teor alcoólico declarado de 6%
COMPOSIÇÃO BÁSICA: água, malte de cevada, aveia e lúpulo
CARACTERÍSTICAS: coloração negra, espuma muito intensa e firme, aromas de malte torrado e café, encorpada, amargor adstringente e sensação residual adstringente de malte tostado com um toque de chocolate

OBS:

DEGUSTADA EM: ___/___/___

HARVIESTOUN SCHIEHALLION

Cerveja inglesa clara, tipo American Lager, produzida pela Harviestoun Brewery, de baixa fermentação e teor alcoólico declarado de 4,8%
COMPOSIÇÃO BÁSICA: água, malte de cevada, trigo e lúpulo
CARACTERÍSTICAS: coloração amarela intensa, espuma de boa formação e queda lenta, aroma de lúpulo, corpo agradavelmente suave, amargor presente e forte e sensação residual leve, refrescante e de lúpulo

OBS: DEGUSTADA EM: ___/___/___

HEINEKEN

Cerveja nacional Pilsen clara, produzida pela Heineken Brasil, de baixa fermentação e teor alcoólico declarado de 5%
COMPOSIÇÃO BÁSICA: água, malte de cevada e lúpulo
CARACTERÍSTICAS: coloração amarelo-ouro, espuma densa e persistente, encorpada, aroma esterificado e intenso de malte, amargor equilibrado e sensação residual agradavelmente amarga

OBS: DEGUSTADA EM: ___/___/___

HEN'S TOOTH

Cerveja inglesa clara, turva, tipo Strong Ale, forte, produzida pela Cervejaria Greene King em Suffolk, Inglaterra, de alta fermentação e teor alcoólico declarado de 6,5%
COMPOSIÇÃO BÁSICA: água, malte de cevada e lúpulo
CARACTERÍSTICAS: coloração castanho-média, turva pela presença de fermento, espuma de boa formação e queda lenta, encorpada, aroma frutado e de cereais maltados, amargor harmonioso e sensação residual adstringente pela presença do fermento

OBS: DEGUSTADA EM: ___/___/___

HOEGAARDEN

Cerveja belga, estilo de trigo, tipo Weizenbier, produzida pela Hoegaarden, em Hoegaarden, de alta fermentação, refermentada na garrafa e teor alcoólico declarado de 4,9%
COMPOSIÇÃO BÁSICA: água, malte de trigo, malte de cevada, especiarias e lúpulo
CARACTERÍSTICAS: coloração palha, quase branca, espuma densa e persistente, turva pela presença de fermento, corpo leve, ácida, aromas de cravo, coentro e especiarias, amargor baixo e sensação refrescante com residual amargo, frutal e de fermento

OBS: DEGUSTADA EM: ___/___/___

HOFBRÄU DUNKEL

Cerveja alemã Pilsen escura, produzida pela HofbräuHaus, em Munique, de baixa fermentação e teor alcoólico declarado de 5,5%
COMPOSIÇÃO BÁSICA: água, malte de cevada e lúpulo
CARACTERÍSTICAS: coloração castanho-escura, espuma intensa e cremosa, encorpada, aroma de caramelo, amargor harmônico de lúpulo e caramelo e sensação residual adstringente e de torrado

OBS:

DEGUSTADA EM:
___/___/___

HOFBRÄU MÜNCHEN KINDL WEISSBIER

Cerveja alemã clara, tipo Weizenbier, produzida pela HofbräuHaus, de alta fermentação e teor alcoólico declarado de 5,1%
COMPOSIÇÃO BÁSICA: água, malte de cevada, malte de trigo e lúpulo,
CARACTERÍSTICAS: coloração amarelo-ouro, turva pela presença de fermento, espuma intensa e firme, aromas frutado e suave de lúpulo, encorpada, amargor marcante e sensação residual refrescante

OBS:

DEGUSTADA EM:
___/___/___

HOFBRÄU MÜNCHEN ORIGINAL

Cerveja alemã Pilsen clara, produzida pela HofbräuHaus, de baixa fermentação e teor alcoólico declarado de 5,1%
COMPOSIÇÃO BÁSICA: água, malte de cevada e lúpulo
CARACTERÍSTICAS: coloração amarelo-ouro, espuma de boa formação e queda lenta, encorpada, aroma de cereais, amargor fino e agradável e sensação residual refrescante de lúpulo

OBS:

DEGUSTADA EM:
___/___/___

HOFBRÄU SCHWARZE WEISSE

Ceveja alemã escura, tipo Weizenbier, produzida pela HofbräuHaus, de alta fermentação, refermentada na garrafa e teor alcoólico declarado de 5,1%
COMPOSIÇÃO BÁSICA: água, malte de cevada, malte de trigo e lúpulo
CARACTERÍSTICAS: coloração castanho-escura, turva pela presença de fermento, espuma intensa e firme, encorpada e levemente adocicada, aroma frutado, amargor suave de lúpulo e sensação residual agradavelmente refrescante

OBS:

DEGUSTADA EM:
___/___/___

HOLLANDIA

Cerveja holandesa clara, tipo American Lager, produzida pela Bavaria Brewery, em Lieshout, de baixa fermentação e teor alcoólico declarado de 5%
COMPOSIÇÃO BÁSICA: água, malte de cevada e lúpulo
CARACTERÍSTICAS: coloração amarelo-ouro, espuma intensa e cremosa, encorpada, aroma de cereal maltado, amargor agradável e sensação residual refrescante e suavemente amarga

OBS: DEGUSTADA EM: ___/___/___

HOP OTTIN' INDIA PALE ALE

Cerveja norte-americana, tipo India Pale Ale, produzida pela Anderson Valley, de alta fermentação e teor alcoólico declarado de 7%
COMPOSIÇÃO BÁSICA: água, malte de cevada e lúpulo
CARACTERÍSTICAS: coloração acobreada, espuma intensa e permanente, levemente turva, aroma de lúpulo herbáceo, corpo médio-alto, levemente adocicada, com amargor intenso e sensação residual seca de lúpulo e adstringente

OBS: DEGUSTADA EM: ___/___/___

HORN DOG BARLEY WINE

Cerveja norte-americana, tipo American Barley Wine, produzida pela Flying Dog Brewery, de alta fermentação e teor alcoólico declarado de 10,2%
COMPOSIÇÃO BÁSICA: água, malte de cevada e lúpulo
CARACTERÍSTICAS: coloração castanho-avermelhada, límpida, espuma de boa formação e queda lenta, aromas de caramelo, frutas passas e lúpulo, corpo médio, harmonizando bem com o lúpulo intenso e o malte, e sensação residual de amargor e aquecimento

OBS: DEGUSTADA EM: ___/___/___

ISENBECK PREMIUM

Cerveja Pilsen clara, de origem alemã, produzida pela Cervejaria Casa Isenbeck, na Argentina, de baixa fermentação e teor alcoólico declarado de 4,6%
COMPOSIÇÃO BÁSICA: água, malte de cevada e lúpulo
CARACTERÍSTICAS: coloração amarelo-ouro, espuma intensa e persistente, encorpada, aroma suave e limpo, amargor delicado e sensação residual refrescante

OBS: DEGUSTADA EM: ___/___/___

ITAIPAVA FEST

Cerveja nacional Pilsen clara, produzida pela Cervejaria Petrópolis, de baixa fermentação e teor alcoólico declarado de 5,2%
COMPOSIÇÃO BÁSICA: água, malte de cevada, cereais não maltados, carboidratos e lúpulo
CARACTERÍSTICAS: coloração amarelo-clara, espuma de boa formação e queda lenta, suave, aroma suave de cereais, amargor leve e sensação residual amarga e refrescante

OBS: **DEGUSTADA EM:**
___/___/___

ITAIPAVA MALZBIER

Cerveja nacional escura, tipo Malzbier, produzida pela Cervejaria Petrópolis, de baixa fermentação e teor alcoólico declarado de 4,2%
COMPOSIÇÃO BÁSICA: água, malte de cevada, cereais não maltados, carboidratos, carboidratos transformados, lúpulo e corante caramelo
CARACTERÍSTICAS: coloração negra, espuma intensa e persistente, encorpada e adocicada, aroma de caramelo, amargor suave e sensação residual doce

OBS: **DEGUSTADA EM:**
___/___/___

ITAIPAVA PILSEN

Cerveja nacional Pilsen clara, produzida pela Cervejaria Petrópolis, de baixa fermentação e teor alcoólico declarado de 4,5%
COMPOSIÇÃO BÁSICA: água, malte de cevada, cereais não maltados, carboidratos e lúpulo
CARACTERÍSTICAS: coloração amarelo-clara, espuma de boa formação e firme, corpo leve, aroma de cereais, amargor suave e sensação residual refrescante

OBS: **DEGUSTADA EM:**
___/___/___

ITAIPAVA PREMIUM

Cerveja nacional Pilsen clara, produzida pela Cervejaria Petrópolis, de baixa fermentação e teor alcoólico declarado de 4,5%
COMPOSIÇÃO BÁSICA: água, malte de cevada, cereais não maltados, carboidratos e lúpulo
CARACTERÍSTICAS: coloração amarelo-ouro, espuma intensa e firme, suave, aroma de malte, amargor delicado e sensação residual agradável

OBS: **DEGUSTADA EM:**
___/___/___

ITAIPAVA SEM ÁLCOOL

Cerveja nacional Pilsen clara, tipo sem álcool, produzida pela Cervejaria Petrópolis, de baixa fermentação
COMPOSIÇÃO BÁSICA: água, malte de cevada, cereais não maltados, carboidratos e lúpulo
CARACTERÍSTICAS: coloração amarelo-clara, espuma forte e de queda lenta, encorpada, aroma de cereais maltados, amargor suave e sensação residual doce de cereais cozidos

OBS: DEGUSTADA EM: ___/___/___

JENLAIN AMBRÉE

Cerveja francesa escura, tipo cerveja de guarda, produzida pela Brasserie Duyck, em Jenlain, de alta fermentação e teor alcoólico declarado de 7,5%
COMPOSIÇÃO BÁSICA: água, malte de cevada e lúpulo
CARACTERÍSTICAS: coloração castanho-clara, espuma intensa e cremosa, encorpada pelo uso de três maltes diferentes, aroma complexo amadeirado, amargor equilibrado e sensação residual de caramelo e malte tostado

OBS: DEGUSTADA EM: ___/___/___

JENLAIN BLONDE

Cerveja francesa clara, forte, tipo Belgian Pale Ale, produzida pela Brasserie Duyck, de alta fermentação e teor alcoólico declarado de 7,5%
COMPOSIÇÃO BÁSICA: água, malte de cevada e lúpulo
CARACTERÍSTICAS: coloração amarelo-ouro, espuma de boa formação e queda rápida, encorpada, aroma complexo de especiarias, amargor de lúpulo e sensação residual agradavelmente amarga

OBS: DEGUSTADA EM: ___/___/___

JENLAIN SIX

Cerveja francesa Pilsen clara, tipo Extra, produzida pela Brasserie Duyck, de baixa fermentação e teor alcoólico declarado de 6%
COMPOSIÇÃO BÁSICA: água, malte de cevada e lúpulo
CARACTERÍSTICAS: coloração amarelo-ouro, espuma intensa e firme, encorpada, aroma suave de cereais, amargor pronunciado e sensação residual amarga

OBS: DEGUSTADA EM: ___/___/___

JENLAIN ST. DRUON DE SÉBOURG

Cerveja francesa clara, forte, tipo French Abbey Ale - Belgian Pale Ale, produzida pela Brasserie Duyck, de alta fermentação e teor alcoólico declarado de 6%
COMPOSIÇÃO BÁSICA: água, malte de cevada, malte de trigo e lúpulo
CARACTERÍSTICAS: coloração amarelo-ouro, espuma de média formação e queda rápida, suave, aroma caramelado, amargor suave de lúpulo e sensação residual levemente adstringente

OBS: DEGUSTADA EM: ___/___/___

JOHN SMITH'S EXTRA SMOOTH

Cerveja inglesa escura, tipo Bitter Ale, produzida pela Cervejaria John Smith's, em North Yorkshire, de alta fermentação e teor alcoólico declarado de 4%
COMPOSIÇÃO BÁSICA: água, malte de cevada, cevada, nitrogênio e lúpulo
CARACTERÍSTICAS: coloração castanho-média, espuma intensa e firme, incrementada pela injeção de nitrogênio no momento de abertura da lata, suave, aromas marcantes de café e lúpulo, amargor intenso e sensação residual de cereal maltado

OBS: DEGUSTADA EM: ___/___/___

JUSTUS WEIZEN HEFE DUNKEL

Cerveja alemã escura, tipo de trigo, produzida pela Pfungstädter Brauerei, em Pfungstadt, de alta fermentação e teor alcoólico declarado de 4,9%
COMPOSIÇÃO BÁSICA: água, malte de cevada, trigo e lúpulo
CARACTERÍSTICAS: coloração castanho-clara, turva pela refermentação na garrafa, espuma intensa e persistente, aromas de ésteres e malte torrado, encorpada, amargor suave e sensação residual adstringente pelo fermento presente

OBS: DEGUSTADA EM: ___/___/___

JUSTUS WEIZEN HEFE HELL

Cerveja alemã clara, tipo de trigo, produzida pela Pfungstädter Brauerei, de alta fermentação e teor alcoólico declarado de 4,9%
COMPOSIÇÃO BÁSICA: água, malte de cevada, trigo e lúpulo
CARACTERÍSTICAS: coloração amarelo-clara, turva pela refermentação na garrafa, espuma de boa formação e boa estabilidade, aroma frutado, corpo suave, amargor agradável e sensação residual adstringente pelo fermento presente

OBS: DEGUSTADA EM: ___/___/___

KAISER BOCK

Cerveja nacional escura, forte, tipo Bock, produzida pela Heineken Brasil, de baixa fermentação e teor alcoólico declarado de 6,2%
COMPOSIÇÃO BÁSICA: água, malte de cevada e lúpulo
CARACTERÍSTICAS: coloração castanho-avermelhada, espuma intensa e de queda lenta, encorpada, aroma de malte tostado, amargor suave e sensação residual adstringente

OBS: DEGUSTADA EM: ___/___/___

KAISER GOLD

Cerveja nacional Pilsen clara, tipo Extra, produzida pela Heineken Brasil, de baixa fermentação e teor alcoólico declarado de 5,4%
COMPOSIÇÃO BÁSICA: água, malte de cevada, cereais não maltados e lúpulo
CARACTERÍSTICAS: coloração amarelo-ouro, espuma intensa e persistente, forte e encorpada, aroma de malte, amargor equilibrado e sensação residual agradavelmente amarga

OBS: DEGUSTADA EM: ___/___/___

KAISER PILSEN

Cerveja nacional Pilsen clara, produzida pela Heineken Brasil, de baixa fermentação e teor alcoólico declarado de 4,5%
COMPOSIÇÃO BÁSICA: água, malte de cevada, cereais não maltados, carboidratos transformados e lúpulo
CARACTERÍSTICAS: coloração amarelo-clara, espuma de boa formação e persistente, corpo leve, aroma de cereais, amargor suave e sensação residual refrescante

OBS: DEGUSTADA EM: ___/___/___

KAISER SUMMER DRAFT

Cerveja nacional Pilsen clara, tipo Draft, produzida pela Heineken Brasil, de baixa fermentação e teor alcoólico declarado de 4,7%
COMPOSIÇÃO BÁSICA: água, malte de cevada, cereais não maltados e lúpulo
CARACTERÍSTICAS: coloração amarela muito clara, espuma de boa formação e queda lenta, corpo leve, aroma de cereais, amargor suave e sensação residual refrescante

OBS: DEGUSTADA EM: ___/___/___

KARAVELLE KELLER PILSEN

Cerveja nacional clara, tipo Pilsen, produzida pela Whitaker & Veiga Cervejaria Ltda, de Indaiatuba, SP, de baixa fermentação e teor alcoólico declarado de 4,5%
COMPOSIÇÃO BÁSICA: água, malte de cevada e lúpulo
CARACTERÍSTICAS: coloração amarelo-ouro, não filtrada, turva, espuma intensa e permanente, encorpada, aroma de malte e lúpulo, sabor de cereal cozido, amargor adstringente e sensação residual agradável de cereal maltado

OBS:

DEGUSTADA EM: ___/___/___

KARAVELLE PREMIUM PILSEN

Cerveja nacional clara, tipo Lager, produzida pela Whitaker & Veiga Cervejaria Ltda, de baixa fermentação e teor alcoólico declarado de 4,5%
COMPOSIÇÃO BÁSICA: água, malte de cereais e lúpulo
CARACTERÍSTICAS: coloração amarelo-ouro, límpida, espuma de boa formação e boa estabilidade, aroma de cereal maltado e suave de lúpulo, levemente adocicada, amargor suave e sensação residual refrescante e seca

OBS:

DEGUSTADA EM: ___/___/___

KARAVELLE RED ALE HELL

Cerveja nacional avermelhada, tipo Red Ale, produzida pela Whitaker & Veiga Cervejaria Ltda, de alta fermentação e teor alcoólico declarado de 4,5%
COMPOSIÇÃO BÁSICA: água, malte de cevada e lúpulo
CARACTERÍSTICAS: coloração âmbar, límpida, espuma de boa formação e persistente, aroma complexo de ésteres frutais e amadeirado, encorpada pelo malte, amargor presente e harmonioso e sensação residual adocicado

OBS:

DEGUSTADA EM: ___/___/___

KARAVELLE WEISS

Cerveja nacional de trigo clara, Tipo Weizenbier, produzida pela Whitaker & Veiga Cervejaria Ltda, de alta fermentação e teor alcoólico declarado de 5%
COMPOSIÇÃO BÁSICA: água, malte de cevada, malte de trigo e lúpulo
CARACTERÍSTICAS: amarelo-clara, turva pela presença de fermento, espuma intensa e permanente, aroma frutado e de levedura, encorpada pelo malte e suave pela carbonatação, amargor suave e sensação residual agradavelmente adstringente

OBS:

DEGUSTADA EM: ___/___/___

KILKENNY

Cerveja irlandesa escura, tipo Cream Ale, produzida pela Diageo, de alta fermentação e teor alcoólico declarado de 4,3%
COMPOSIÇÃO BÁSICA: água, malte de cevada, cevada tostada e lúpulo
CARACTERÍSTICAS: coloração castanho-escuro-avermelhada, espuma intensa e firme, suave, aroma de cereal torrado, amargor pronunciado e sensação residual amarga e de malte tostado

OBS:

DEGUSTADA EM: ___/___/___

KIRIN ICHIBAN

Cerveja japonesa Pilsen clara, produzida pela Anheuser-Busch sob supervisão da Kirin, de baixa fermentação e teor alcoólico declarado de 5%
COMPOSIÇÃO BÁSICA: água, malte de cevada, amido de milho, arroz e lúpulo
CARACTERÍSTICAS: coloração amarelo-ouro, espuma de boa formação e queda lenta, encorpada e adocicada, aroma de mosto de cereais, amargor suave e sensação residual doce

OBS:

DEGUSTADA EM: ___/___/___

KLEIN BIER PILSEN

Cerveja nacional clara, tipo Pilsen, produzida pela Cervejaria Klein, de Campo Largo, PR, de baixa fermentação e teor alcoólico declarado de 4,6%
COMPOSIÇÃO BÁSICA: água, malte de cevada e lúpulo
CARACTERÍSTICAS: coloração amarelo-clara, límpida, espuma de boa formação e boa persistência, aroma de cereais maltados, encorpada com sabor de malte, amargor presente e harmonioso e sensação residual de cereal maltado e levemente amarga

OBS:

DEGUSTADA EM: ___/___/___

KÖSTRITZER SCHWARZBIER

Cerveja alemã Pilsen escura, produzida pela Köstritzer, em Thüring, de baixa fermentação e teor alcoólico declarado de 4,8%
COMPOSIÇÃO BÁSICA: água, malte de cevada e lúpulo
CARACTERÍSTICAS: coloração negro-avermelhada, espuma intensa e firme, encorpada e amarga, aroma de malte torrado, amargor adstringente e sensação residual picante

OBS:

DEGUSTADA EM: ___/___/___

KRIEK BOON

Cerveja belga escura, tipo Lambic Frutada, produzida pela Brouwerij Boon, de alta fermentação e teor alcoólico declarado de 4%
COMPOSIÇÃO BÁSICA: água, malte de cevada, trigo, carboidratos, cereja e lúpulo
CARACTERÍSTICAS: coloração vermelho-rubi, espuma de boa formação e boa estabilidade, aromas frutados de cereja e azedo, adocicada e ácida, amargor imperceptível e sensação residual adocicada e ácida

OBS:

DEGUSTADA EM:
___/___/___

KRILL MALZBIER

Cerveja nacional escura, forte, tipo Malzbier, produzida pela Cervejaria Krill, em Socorro, SP, de baixa fermentação e teor alcoólico declarado de 4%
COMPOSIÇÃO BÁSICA: água, malte de cevada, carboidratos e corante caramelo (não cita lúpulo)
CARACTERÍSTICAS: coloração negro-avermelhada, espuma intensa e firme, forte e adocicada, aroma de caramelo, amargor inexistente e sensação residual doce

OBS:

DEGUSTADA EM:
___/___/___

KRILL PILSEN

Cerveja nacional Pilsen clara, produzida pela Cervejaria Krill, de baixa fermentação e teor alcoólico declarado de 4,5%
COMPOSIÇÃO BÁSICA: água, malte de cevada, cereais não maltados, carboidratos e lúpulo
CARACTERÍSTICAS: coloração amarela muito clara, espuma de boa formação e queda lenta, corpo leve, aroma de cereais, amargor muito suave e sensação residual refrescante

OBS:

DEGUSTADA EM:
___/___/___

KROMBACHER PILS

Cerveja alemã Pilsen clara, produzida pela Krombacher Brauerei, em Kreutzal, de baixa fermentação e teor alcoólico declarado de 4,8%
COMPOSIÇÃO BÁSICA: água, malte de cevada e lúpulo
CARACTERÍSTICAS: coloração amarelo-ouro, espuma intensa e firme, aroma pronunciado de malte, encorpada, amargor forte de lúpulo e sensação residual harmoniosamente amarga e adstringente

OBS:

DEGUSTADA EM:
___/___/___

KRONENBIER

Cerveja nacional Pilsen clara, leve e sem álcool, produzida pela Ambev, de baixa fermentação e teor alcoólico declarado menor que 0,5%
COMPOSIÇÃO BÁSICA: água, malte de cevada, cereais não maltados, carboidratos e lúpulo
CARACTERÍSTICAS: coloração amarelo-ouro, espuma intensa e firme, corpo leve e adocicado, aroma de cereais cozidos, amargor equilibrado e sensação residual doce de cereal cozido

OBS: DEGUSTADA EM:
___/___/___

KRONENBOURG 1664

Cerveja francesa Pilsen clara, produzida pela Brasserie Kronenbourg, de baixa fermentação e teor alcoólico declarado de 5%
COMPOSIÇÃO BÁSICA: água, malte de cevada, malte de trigo, milho, corante caramelo e lúpulo
CARACTERÍSTICAS: coloração amarelo-ouro, espuma intensa e firme, encorpada, aroma de ésteres frutais, amargor pronunciado e sensação residual adstringente e amarga

OBS: DEGUSTADA EM:
___/___/___

LA BRUNETTE

Cerveja nacional escura, forte, tipo Stout, produzida pela Cervejaria Schmitt, de alta fermentação e teor alcoólico declarado de 4,5%
COMPOSIÇÃO BÁSICA: água, cevada, malte de cevada, malte torrado e lúpulo
CARACTERÍSTICAS: coloração negra muito escura, turva, espuma cremosa e firme, aroma de malte tostado, amargor pronunciado e sensação residual seca e adstringente

OBS: DEGUSTADA EM:
___/___/___

LA CHOUFFE BLOND

Cerveja belga clara, tipo Golden Ale, produzida pela Brasserie D'Achouffe, em Achouffe, de alta fermentação e teor alcoólico declarado de 8%
COMPOSIÇÃO BÁSICA: água, malte de cevada, carboidratos, coriander (condimento que pode ser traduzido por cilantro ou petersille) e lúpulo
CARACTERÍSTICAS: coloração amarelo-ouro, turva pela refermentação na garrafa, espuma intensa e de boa estabilidade, aromas cítrico e frutado, encorpada e condimentada, amargor muito leve e sensação residual levemente adocicada

OBS: DEGUSTADA EM:
___/___/___

LA DIVINE

Cerveja belga, tipo Belgian Strong Ale – Abadia, produzida pela Brasserie de Silly, em Silly, de alta fermentação e teor alcoólico declarado de 9,5%
COMPOSIÇÃO BÁSICA: água, malte de cevada, carboidratos e lúpulo
CARACTERÍSTICAS: coloração âmbar, espuma de boa formação e boa estabilidade, aromas adocicado e aveludado, corpo equilibrado com sabores marcantes de malte caramelo e lúpulo, amargor harmonioso e sensação residual agradável de especiarias e de aquecimento

OBS:

DEGUSTADA EM: ___/___/___

LA MALINE

Cerveja francesa, tipo Porter, produzida pela Brasserie Thiez, de alta fermentação e teor alcoólico declarado de 5,8%
COMPOSIÇÃO BÁSICA: água, malte de cevada e lúpulo
CARACTERÍSTICAS: coloração marrom-avermelhada, com alguns flóculos, espuma de boa formação e persistente, aromas de malte caramelado e café, corpo médio, sabor adocicado de malte, amargor suave e sensação residual adstringente e doce

OBS:

DEGUSTADA EM: ___/___/___

LA TRAPPE BLOND

Cerveja holandesa clara, tipo Trapista, produzida pela Koningshoeven, não filtrada, de alta fermentação e teor alcoólico declarado de 6,5%
COMPOSIÇÃO BÁSICA: água, malte de cevada e lúpulo
CARACTERÍSTICAS: coloração amarela intensa, turva pela presença de fermento, espuma densa e firme, corpo suave, aroma de lúpulo, amargor pronunciado e agradável e sensação residual refrescante

OBS:

DEGUSTADA EM: ___/___/___

LA TRAPPE DUBBEL

Cerveja holandesa escura, avermelhada, tipo Trapista, produzida pela Koningshoeven, não filtrada, de alta fermentação e teor alcoólico declarado de 6,5%
COMPOSIÇÃO BÁSICA: água, malte de cevada e lúpulo
CARACTERÍSTICAS: coloração castanho-avermelhada, turva devido à presença de fermento, espuma densa e firme, forte e adocicada, aromas complexos e de malte tostado, amargor acentuado e sensação residual amarga e tostada

OBS:

DEGUSTADA EM: ___/___/___

LA TRAPPE QUADRUPEL

Cerveja holandesa avermelhada, forte, tipo Trapista Vintage, produzida pela Koningshoeven, não filtrada, de alta fermentação e teor alcoólico declarado de 10%
COMPOSIÇÃO BÁSICA: água, malte de cevada, lúpulo e açúcar cervejeiro
CARACTERÍSTICAS: coloração castanho-avermelhada, turva pela presença de fermento, espuma intensa e firme, forte e encorpada, aroma complexo e frutado, amargor intenso e agradável e sensação residual alcoólica

OBS:

DEGUSTADA EM:
___/___/___

LA TRAPPE TRIPEL

Cerveja holandesa clara, tipo Trapista, produzida pela Koningshoeven, não filtrada, de alta fermentação e teor alcoólico declarado de 8%
COMPOSIÇÃO BÁSICA: água, malte de cevada, lúpulo e *coriander* (condimento que pode ser traduzido por cilantro ou petersille)
CARACTERÍSTICAS: coloração castanho-clara, turva pela presença de fermento, espuma intensa e firme, forte e encorpada, aromas frutado e doce, amargor suave e sensação residual adstringente

OBS:

DEGUSTADA EM:
___/___/___

LA TRAPPE WITTE TRAPPIST

Cerveja holandesa clara, tipo Trapista, produzida pela Koningshoeven, refermentada na própria garrafa, de alta fermentação e teor alcoólico declarado de 5,5%
COMPOSIÇÃO BÁSICA: água, malte de trigo, malte de cevada e lúpulo
CARACTERÍSTICAS: coloração amarelo-ouro, turva pela presença de fermento, espuma intensa e de queda lenta, leve e refrescante, aroma frutado de lúpulo, amargor acentuado e sensação residual agradável

OBS:

DEGUSTADA EM:
___/___/___

LECKER PILSEN

Cerveja nacional Pilsen clara, produzida pela WorldBev, de baixa fermentação e teor alcoólico declarado de 4,5%
COMPOSIÇÃO BÁSICA: água, malte de cevada, carboidratos e lúpulo
CARACTERÍSTICAS: coloração amarelo-clara, espuma de boa formação e firme, corpo muito leve, aroma de cereais, amargor suave e sensação residual amarga de cereal cozido

OBS:

DEGUSTADA EM:
___/___/___

LECKER MALZBIER

Cerveja nacional escura, tipo Malzbier, produzida pela WorldBev, de baixa fermentação e teor alcoólico declarado de 4,5%
COMPOSIÇÃO BÁSICA: água, malte de cevada, carboidratos e lúpulo
CARACTERÍSTICAS: coloração negro-avermelhada, espuma intensa e cremosa, suave, aroma de cereal torrado, amargor inexistente e sensação residual adocicada de malte torrado

OBS:

DEGUSTADA EM: ___/___/___

LEFFE BLONDE

Cerveja belga clara, tipo Belgian Ale, produzida pela Abbaye de Leffe, de alta fermentação e teor alcoólico declarado de 6,6%
COMPOSIÇÃO BÁSICA: água, malte de cevada, cereais não maltados, carboidratos e lúpulo
CARACTERÍSTICAS: coloração amarelo-ouro, espuma de boa formação e consistente, levemente ácida, aroma frutado de ésteres, amargor suave e sensação residual agradavelmente refrescante e levemente amarga

OBS:

DEGUSTADA EM: ___/___/___

LEFFE BRUNE

Cerveja belga escura, tipo Belgian Dubbel, produzida pela Abbaye de Leffe, de alta fermentação e teor alcoólico declarado de 6,5%
COMPOSIÇÃO BÁSICA: água, malte de cevada, cereais não maltados, carboidratos e lúpulo
CARACTERÍSTICAS: coloração castanho-escura, espuma de boa formação e cremosa, encorpada, aroma complexo de frutas, amargor intenso e adstringente e sensação residual levemente adstringente e caramelada

OBS:

DEGUSTADA EM: ___/___/___

LIBER

Cerveja nacional Pilsen clara, leve e sem álcool, produzida pela Ambev, de baixa fermentação
COMPOSIÇÃO BÁSICA: água, malte de cevada, carboidratos e lúpulo
CARACTERÍSTICAS: coloração amarelo-clara, espuma de boa formação e queda lenta, corpo muito leve, aroma suave de cereais, amargor equilibrado e sensação residual doce de cereal cozido

OBS:

DEGUSTADA EM: ___/___/___

LICHER WEIZEN

Cerveja alemã de trigo clara, turva, tipo Weizenbier, produzida pela Licher, de alta fermentação e teor alcoólico declarado de 5,4%
COMPOSIÇÃO BÁSICA: água, malte de cevada, malte de trigo e lúpulo
CARACTERÍSTICAS: coloração amarelo-ouro, turva pela presença de fermento, espuma intensa e firme, encorpada e aromática, aroma frutado complexo, amargor acentuado e sensação residual agradavelmente amarga

OBS:

DEGUSTADA EM: ___/___/___

LOKAL BIER

Cerveja nacional Pilsen clara, produzida pela Cervejaria Teresópolis, de baixa fermentação e teor alcoólico declarado de 4,7%
COMPOSIÇÃO BÁSICA: água, malte de cevada, cereais não maltados, carboidratos e lúpulo
CARACTERÍSTICAS: coloração amarelo-clara, espuma de boa formação e queda lenta, corpo leve, aroma de cereais, amargor suave e sensação residual levemente amarga

OBS:

DEGUSTADA EM: ___/___/___

LÖWENBRÄU ORIGINAL

Cerveja alemã Pilsen clara, produzida pela Lowenbräu, em Munique, de baixa fermentação e teor alcoólico declarado de 5,2%
COMPOSIÇÃO BÁSICA: água, malte de cevada e lúpulo
CARACTERÍSTICAS: coloração amarelo-ouro, espuma de boa formação e queda lenta, encorpada, aroma suave, amargor forte e marcante e sensação residual picante

OBS:

DEGUSTADA EM: ___/___/___

MALHEUR 10°

Cerveja belga, tipo Belgian Golden Strong Ale, produzida pela De Landtsheer, em Buggenhout, de alta fermentação e teor alcoólico declarado de 10%
COMPOSIÇÃO BÁSICA: água, malte de cevada, carboidratos e lúpulo
CARACTERÍSTICAS: coloração dourada, turva, espuma densa e persistente, aromas de pêssego, floral e especiarias com traços cítricos de laranja e limão, corpo médio e aveludado, sabores cítrico de frutas e álcool e sensação residual de aquecimento e cítrica

OBS:

DEGUSTADA EM: ___/___/___

MALHEUR 12°

Cerveja belga, tipo Belgian Dark Strong Ale – Specialty Beer, produzida pela De Landtsheer, de alta fermentação e teor alcoólico declarado de 12%
OMPOSIÇÃO BÁSICA: água, malte de cevada, cereais não maltados, especiarias e lúpulo
CARACTERÍSTICAS: coloração marrom-escuro-avermelhada, turva, espuma intensa e persistente, aroma de lúpulo com notas cítricas e florais, sabores alcoólico e de tostado, corpo aveludado, amargor presente e sensação residual de aquecimento

OBS:
DEGUSTADA EM: ___/___/___

MALHEUR BIÈRE BRUT

Cerveja belga, tipo Bière Brut – Belgian Strong Ale, produzida pela De Landtsheer, refermentada na garrafa, de alta fermentação e teor alcoólico declarado de 11%
COMPOSIÇÃO BÁSICA: água, malte de cevada, açúcar e lúpulo
CARACTERÍSTICAS: coloração amarelo-palha, perlage fino, turva pela presença de fermento, adocicada, com notas de nozes e coentro, corpo médio-alto, amargor suave e sensação residual adocicada, seca e cítrica

OBS:
DEGUSTADA EM: ___/___/___

MALHEUR DARK BRUT

Cerveja belga, tipo Belgian Specialty Ale, produzida pela De Landtsheer, de alta fermentação e teor alcoólico declarado de 12%
COMPOSIÇÃO BÁSICA: água, malte de cevada, carboidratos e lúpulo
CARACTERÍSTICAS: coloração marrom-escura, ótima formação de perlage, aromas frutado e alcoólico, com notas de chocolate, sabores leves de chocolate e malte torrado, corpo médio-alto, amargor bem integrado e sensação residual agradavelmente adocicada e seca

OBS:
DEGUSTADA EM: ___/___/___

MALTA GOLDEN BIER CLASSIC

Cerveja nacional clara, tipo American Lager, produzida pela Cervejaria Malta, de Assis, SP, de baixa fermentação e teor alcoólico declarado de 4,8%
COMPOSIÇÃO BÁSICA: água, malte de cevada, cereais não maltados, carboidratos e lúpulo
CARACTERÍSTICAS: coloração amarelo-clara, límpida, espuma de boa formação e queda lenta, aroma de cereais cozidos, sabor leve, amargor muito suave e sensação residual de cereal cozido e refrescante

OBS:
DEGUSTADA EM: ___/___/___

MALTA MALZBIER ESCURA

Cerveja nacional escura, tipo Malzbier, produzida pela Cervejaria Malta, de baixa fermentação e teor alcoólico declarado de 3,5%
COMPOSIÇÃO BÁSICA: água, malte de cevada, cereais não maltados, carboidratos e lúpulo
CARACTERÍSTICAS: coloração negra, límpida, espuma intensa e de boa estabilidade, aroma de cereais torrados e caramelo, adocicada e licorosa, amargor delicado e sensação residual adocicada e adstringente

OBS:

DEGUSTADA EM: ___/___/___

MALTA PILSEN

Cerveja nacional Pilsen clara, produzida pela Cervejaria Malta, de baixa fermentação e teor alcoólico declarado de 4,8%
COMPOSIÇÃO BÁSICA: água, malte de cevada, carboidratos, cereais não maltados e lúpulo
CARACTERÍSTICAS: coloração amarelo-clara, espuma de boa formação e firme, corpo leve, aromas suave de malte, amargor muito leve e sensação residual refrescante

OBS:

DEGUSTADA EM: ___/___/___

MARSTON'S DOUBLE DROP

Cerveja inglesa clara, tipo English Pale Ale, produzida pela Marston's Brewery PLC no Reino Unido, de alta fermentação e teor alcoólico declarado de 4%
COMPOSIÇÃO BÁSICA: água, malte de cevada e lúpulo
CARACTERÍSTICAS: coloração amarelo-ouro velho, límpida, espuma intensa e de boa estabilidade, aroma floral de lúpulo e de cereais maltados, sabor adocicado de malte e de lúpulo, amargor bem pronunciado e sensação residual amarga persistente

OBS:

DEGUSTADA EM: ___/___/___

MARSTON'S STRONG PALE ALE

Cerveja inglesa clara, tipo English Pale Ale, produzida pela Marston's Brewery PLC, de alta fermentação e teor alcoólico declarado de 6,2%
COMPOSIÇÃO BÁSICA: água, malte de cevada, sacarose e lúpulo
CARACTERÍSTICAS: coloração amarelo-ouro velho, límpida, espuma de boa formação e baixa estabilidade, aroma de cereal maltado e leve lúpulo, encorpada, lupulada e maltada, amargor persistente e sensação residual seca e agradavelmente amarga

OBS:

DEGUSTADA EM: ___/___/___

MASTRA DORADA

Cerveja uruguaia clara, tipo Pale Ale, produzida pela Cerveceria Artesanal del Uruguay, em Montevideo, de alta fermentação e teor alcoólico declarado de 5,7%
COMPOSIÇÃO BÁSICA: água, malte de cevada, carboidratos e lúpulo
CARACTERÍSTICAS: coloração amarelo-clara, levemente turva, espuma de boa formação e queda lenta, aroma de cereais maltados e lúpulo, sabor adocicado e ácido, encorpada, amargor presente e harmonioso e sensação residual ácida

OBS:

DEGUSTADA EM:
___/___/___

MASTRA NEGRA

Cerveja uruguaia escura, tipo Stout, produzida pela Cerveceria Artesanal del Uruguay, de alta fermentação e teor alcoólico declarado de 6,2%
COMPOSIÇÃO BÁSICA: água, malte de cevada, malte torrado, malte caramelo, carboidratos e lúpulo
CARACTERÍSTICAS: coloração negra, espuma de média intensidade e baixa estabilidade, aroma complexo de cereais torrados, toffee e café, encorpada, aveludada, baixo amargor e sensação residual adstringente e seca

OBS:

DEGUSTADA EM:
___/___/___

MASTRA ROJA

Cerveja uruguaia avermelhada, tipo Strong Scotch Ale, produzida pela Cerveceria Artesanal del Uruguay, de alta fermentação e teor alcoólico declarado de 6,2%
COMPOSIÇÃO BÁSICA: água, malte de cevada, carboidratos e lúpulo
CARACTERÍSTICAS: coloração âmbar, levemente turva, espuma de boa formação e queda lenta, aroma complexo de frutas, cereais e madeira, sabor adocicado e ácido, amargor bem inserido e sensação residual adstringente e de aquecimento

OBS:

DEGUSTADA EM:
___/___/___

MC CHOUFFE BRUNE

Cerveja belga escura, tipo Dark Ale, produzida pela Brasserie D'Achouffe, de alta fermentação e teor alcoólico declarado de 8%
COMPOSIÇÃO BÁSICA: água, malte de cevada, carboidratos e lúpulo
CARACTERÍSTICAS: coloração castanho-escuro-avermelhada, turva, espuma intensa e persistente, aroma de malte torrado e frutas, encorpada, amargor equilibrado e sensação residual de malte tostado levemente adstringente

OBS:

DEGUSTADA EM:
___/___/___

MEANTIME CHOCOLATE

Cerveja inglesa escura, tipo Porter, produzida pela Meantime Brewery, em Londres, de alta fermentação e teor alcoólico declarado de 6,5%
COMPOSIÇÃO BÁSICA: água, malte de cevada e lúpulo
CARACTERÍSTICAS: coloração castanho-escura, espuma intensa e de queda rápida, aromas de malte torrado e baunilha, corpo suave, amargor muito leve e sensação residual aveludada de malte tostado e chocolate

OBS:

DEGUSTADA EM:
___/___/___

MEANTIME COFFEE PORTER

Cerveja inglesa escura, tipo Porter, produzida pela Meantime Brewery, de alta fermentação e teor alcoólico declarado de 6%
COMPOSIÇÃO BÁSICA: água, malte de cevada, café e lúpulo
CARACTERÍSTICAS: coloração castanho-escuro-avermelhada, espuma de boa formação e queda lenta, aromas de malte torrado e café, corpo suave, amargor suave e sensação residual de malte tostado e café

OBS:

DEGUSTADA EM:
___/___/___

MEANTIME INDIA PALE ALE

Cerveja inglesa clara, tipo India Pale Ale, produzida pela Meantime Brewery, de alta fermentação e teor alcoólico declarado de 7,5%
COMPOSIÇÃO BÁSICA: água, malte de cevada e lúpulo
CARACTERÍSTICAS: coloração amarelo-ouro intenso, espuma de boa formação e boa estabilidade, aroma pronunciado e agradável de lúpulo, encorpada, amargor potente e sensação residual amarga e adstringente

OBS:

DEGUSTADA EM:
___/___/___

MEANTIME LONDON PALE ALE

Cerveja inglesa clara, tipo Pale Ale, produzida pela Meantime Brewery, de alta fermentação e teor alcoólico declarado de 4,3%
COMPOSIÇÃO BÁSICA: água, malte de cevada e lúpulo
CARACTERÍSTICAS: coloração amarelo-ouro, espuma de boa formação e queda lenta, aroma marcante de lúpulo, corpo suave, amargor pronunciado e sensação residual agradavelmente amarga e seca

OBS:

DEGUSTADA EM:
___/___/___

MEANTIME LONDON PORTER

Cerveja inglesa escura, tipo Porter, produzida pela Meantime Brewery, de alta fermentação e teor alcoólico declarado de 6,5%
COMPOSIÇÃO BÁSICA: água, malte de cevada e lúpulo
CARACTERÍSTICAS: coloração castanho-escura, espuma intensa e persistente, aroma acentuado de malte torrado, encorpada, amargor equilibrado e sensação residual de malte tostado com um toque frutado e adstringente

OBS:

DEGUSTADA EM: ___/___/___

MEANTIME LONDON STOUT

Cerveja inglesa escura, tipo Stout, produzida pela Meantime Brewery, de alta fermentação e teor alcoólico declarado de 4,5%
COMPOSIÇÃO BÁSICA: água, malte de cevada e lúpulo
CARACTERÍSTICAS: coloração castanho-escuro-avermelhada, espuma de boa formação e boa estabilidade, aroma de malte caramelado, corpo adocicado, amargor suave e sensação residual de malte tostado com um toque de chocolate

OBS:

DEGUSTADA EM: ___/___/___

MEANTIME RASPBERRY GRAND CRU

Cerveja inglesa escura, tipo Fruit Beer, produzida pela Meantime Brewery, de alta fermentação e teor alcoólico declarado de 6,5%
COMPOSIÇÃO BÁSICA: água, malte de cevada, trigo, framboesa e lúpulo
CARACTERÍSTICAS: coloração castanho-avermelhada, turva, espuma intensa e de queda rápida, aroma complexo frutado de ésteres, corpo suavemente ácido, amargor muito leve e sensação residual refrescante e um pouco ácida

OBS:

DEGUSTADA EM: ___/___/___

MILLER GENUINE DRAFT

Cerveja nacional Pilsen clara, tipo Draft, produzida pela Miller Brewing Company, de baixa fermentação e teor alcoólico declarado de 4,6%
COMPOSIÇÃO BÁSICA: água, malte de cevada, cereais não maltados e lúpulo
CARACTERÍSTICAS: coloração amarelo-clara, espuma intensa e de queda lenta, corpo suave, aroma de cereais, amargor muito suave e sensação residual refrescante

OBS:

DEGUSTADA EM: ___/___/___

MISTURA CLÁSSICA AMBER

Cerveja nacional escura, tipo Ale, produzida pela Cervejaria Mistura Clássica, em Volta Redonda, RJ, de alta fermentação e teor alcoólico declarado de 6%
COMPOSIÇÃO BÁSICA: água, malte de cevada e lúpulo
CARACTERÍSTICAS: coloração castanha muita escura e avermelhada, espuma forte e firme, encorpada, forte, aroma de malte torrado, amargor pronunciado e sensação residual agradável de malte tostado

OBS:

DEGUSTADA EM:
___/___/___

MISTURA CLÁSSICA CHEERS BLACK ALE

Cerveja nacional escura, tipo Extra Stout, produzida pela Cervejaria Mistura Clássica, de alta fermentação e teor alcoólico declarado de 6%
COMPOSIÇÃO BÁSICA: água, malte de cevada e lúpulo
CARACTERÍSTICAS: coloração negra, espuma de boa formação e boa estabilidade, aroma de cereal torrado, café e toffe, sabor de malte torrado e café, amargor adstringente e sensação residual seca, adstringente e persistente

OBS:

DEGUSTADA EM:
___/___/___

MISTURA CLÁSSICA CHEERS RED ALE

Cerveja nacional escura, tipo Irish Red Ale, produzida pela Cervejaria Mistura Clássica, de alta fermentação e teor alcoólico declarado de 6%
COMPOSIÇÃO BÁSICA: água, malte de cevada, extrato de malte e lúpulo
CARACTERÍSTICAS: coloração marrom-avermelhada, levemente turva, espuma de boa formação e média estabilidade, aroma de cereal maltado e caramelo, sabor adocicado e caramelado, amargor suave e sensação residual adocicada e curta

OBS:

DEGUSTADA EM:
___/___/___

MISTURA CLÁSSICA CHEERS WEISS

Cerveja nacional de trigo clara, tipo Weizenbier, produzida pela Cervejaria Mistura Clássica, de alta fermentação e teor alcoólico declarado de 5%
COMPOSIÇÃO BÁSICA: água, malte de cevada, malte de trigo e lúpulo
CARACTERÍSTICAS: coloração alaranjada, turva pela presença de fermento, espuma intensa e de baixa estabilidade, aroma cítrico de ésteres frutados, sabor adstringente de fermento e cítrico de frutas, lúpulo marcante e sensação residual refrescante de frutas

OBS:

DEGUSTADA EM:
___/___/___

MISTURA CLÁSSICA EXTRA

Cerveja nacional Pilsen clara, produzida pela Cervejaria Mistura Clássica, de baixa fermentação e teor alcoólico declarado de 4,5%
COMPOSIÇÃO BÁSICA: água, malte de cevada e lúpulo
CARACTERÍSTICAS: coloração amarelo-ouro, espuma intensa e de queda lenta, levemente encorpada, aroma suave de cereais, amargor pronunciado e sensação residual de malte tostado

OBS:

DEGUSTADA EM: ___/___/___

MISTURA CLÁSSICA MALZBIER

Cerveja nacional escura, tipo Malzbier, produzida pela Cervejaria Mistura Clássica, de alta fermentação e teor alcoólico declarado de 5%
COMPOSIÇÃO BÁSICA: água, malte de cevada e lúpulo
CARACTERÍSTICAS: coloração negra, espuma intensa e de boa estabilidade, aroma doce de caramelo e de malte torrado, sabor doce e adstringente, amargor muito suave e sensação residual adocicada de caramelo e adstringente de malte torrado

OBS:

DEGUSTADA EM: ___/___/___

MISTURA CLÁSSICA PILSEN

Cerveja nacional Pilsen clara, produzida pela Cervejaria Mistura Clássica, de baixa fermentação e teor alcoólico declarado de 4,2%
COMPOSIÇÃO BÁSICA: água, malte de cevada e lúpulo
CARACTERÍSTICAS: coloração amarela, espuma intensa e de boa consistência, leve, seca, aroma suave de cereal maltado, amargor equilibrado e sensação residual aveludada e seca

OBS:

DEGUSTADA EM: ___/___/___

MISTURA CLÁSSICA PREMIUM

Cerveja nacional Pilsen clara, produzida pela Cervejaria Mistura Clássica, de baixa fermentação e teor alcoólico declarado de 4,5%
COMPOSIÇÃO BÁSICA: água, malte de cevada e lúpulo
CARACTERÍSTICAS: coloração amarelo-ouro, espuma intensa e de boa consistência, encorpada, aroma de cereal tostado, amargor pronunciado e sensação residual de caramelo e tostado

OBS:

DEGUSTADA EM: ___/___/___

MISTURA CLÁSSICA STOUT

Cerveja nacional escura, tipo Stout Ale, forte, produzida pela Cervejaria Mistura Clássica, de alta fermentação e teor alcoólico declarado de 7%
COMPOSIÇÃO BÁSICA: água, malte de cevada, lúpulo, açúcar mascavo e café
CARACTERÍSTICAS: coloração negro-avermelhada, espuma muito intensa e cremosa, encorpada, forte, aromas alcoólico e de cereal torrado, amargor adstringente e sensação residual adstringente e amarga

OBS: DEGUSTADA EM: ___/___/___

MISTURA CLÁSSICA STRONG DARK ALE

Cerveja nacional escura, turva, tipo Belgian Dark Strong Ale, produzida pela Cervejaria Mistura Clássica, de alta fermentação e teor alcoólico declarado de 7%
COMPOSIÇÃO BÁSICA: água, malte de cevada e lúpulo
CARACTERÍSTICAS: coloração marrom-avermelhada, levemente turva, espuma de boa formação e boa estabilidade, aroma de cereais torrados, café e chocolate, encorpado e alcoólico, amargor adstringente e sensação residual seca e amarga

OBS: DEGUSTADA EM: ___/___/___

MISTURA CLÁSSICA STRONG GOLDEN ALE

Cerveja nacional clara, turva, tipo Belgian Strong Golden Ale, produzida pela Cervejaria Mistura Clássica, de alta fermentação e teor alcoólico declarado de 8%
COMPOSIÇÃO BÁSICA: água, malte de cevada e lúpulo
CARACTERÍSTICAS: coloração amarelo-ouro, levemente turva, espuma intensa e de boa estabilidade, aroma frutado de ésteres e álcool, sabor frutado e lupulado, amargor herbal e sensação residual de aquecimento, seca e amarga

OBS: DEGUSTADA EM: ___/___/___

MORIMOTO BLACK OBI

Cerveja norte-americana, tipo Specialty Grain, produzida pela Rogue Ales Brewery, em Newport, de alta fermentação e teor alcoólico declarado de 5,2%
COMPOSIÇÃO BÁSICA: água, sete tipos de malte e lúpulo
CARACTERÍSTICAS: coloração castanho-escuro-avermelhada, turva, espuma intensa e persistente, aromas de malte tostado, caramelo e lúpulo, corpo médio-alto, amargor de lúpulo harmônico e sensação residual amarga, seca e adstringente

OBS: DEGUSTADA EM: ___/___/___

MORIMOTO SOBA ALE

Cerveja norte-americana, tipo Specialty Grain, produzida pela Rogue Ales Brewery, de alta fermentação e teor alcoólico declarado de 5,2%
COMPOSIÇÃO BÁSICA: água, cinco tipos de malte e lúpulo
CARACTERÍSTICAS: coloração amarelo-palha, levemente turva, espuma de boa formação e queda lenta, aromas de cereais maltados e cítrico de lúpulo, corpo médio, amargor adstringente e sensação residual ácida, refrescante e adstringente

OBS: DEGUSTADA EM: ___/___/___

MULATA

Cerveja nacional Pilsen clara (no limite entre clara e escura), produzida pela Cervejarias Cintra, do Grupo Schincariol, de baixa fermentação e teor alcoólico declarado de 4,7%
COMPOSIÇÃO BÁSICA: água, malte de cevada, extrato de malte torrado, cereais não maltados, carboidratos e lúpulo
CARACTERÍSTICAS: coloração marrom-clara, espuma densa e persistente, corpo leve, aroma suave de malte torrado, amargor delicado e sensação residual refrescante

OBS: DEGUSTADA EM: ___/___/___

MURPHY'S IRISH RED

Cerveja irlandesa, tipo Irish Red Ale, produzida pela Murphy's, na Holanda, de alta fermentação e teor alcoólico declarado de 5%
COMPOSIÇÃO BÁSICA: água, malte de cevada e lúpulo
CARACTERÍSTICAS: coloração avermelhada, límpida, espuma intensa e persistente, aroma de malte tostado com toques de toffee e lúpulo, sabor adocicado de malte, corpo médio, amargor adstringente e sensação residual seca de caramelo e toffee

OBS: DEGUSTADA EM: ___/___/___

MURPHY'S IRISH STOUT

Cerveja irlandesa, tipo Dry Stout, produzida pela Murphy's, de alta fermentação e teor alcoólico declarado de 4%
COMPOSIÇÃO BÁSICA: água, malte de cevada e lúpulo
CARACTERÍSTICAS: coloração preta, límpida, espuma espessa e duradoura devido ao nitrogênio, aromas de malte torrado, café e chocolate amargo, sabor levemente adocicado de malte torrado, corpo suave, amargor adstringente de malte e sensação residual seca de malte torrado e café

OBS: DEGUSTADA EM: ___/___/___

MYTHOS

Cerveja grega clara, tipo American Lager, produzida pela Mythos Brewery, em Thessaloniki, de baixa fermentação e teor alcoólico declarado de 4,7%
COMPOSIÇÃO BÁSICA: água, malte de cevada e lúpulo
CARACTERÍSTICAS: coloração amarelo-clara, espuma de boa formação e boa estabilidade, aroma de cereais maltados, corpo suave, amargor harmonioso e sensação residual refrescante e agradavelmente amarga

OBS: DEGUSTADA EM: ___/___/___

NEBRASKA

Cerveja nacional Pilsen clara, produzida pela WorldBev, de baixa fermentação e teor alcoólico declarado de 4,5%
COMPOSIÇÃO BÁSICA: água, malte de cevada, carboidratos e lúpulo
CARACTERÍSTICAS: coloração amarelo-clara, espuma de boa formação e queda lenta, suave, aroma de cereais maltados, amargor leve e sensação residual seca e adstringente

OBS: DEGUSTADA EM: ___/___/___

NEWCASTLE BROWN ALE

Cerveja inglesa escura e forte, tipo English Brown Ale, produzida pela Newcastle Federation Breweries, em Dunston, de alta fermentação e teor alcoólico declarado de 4,7%
COMPOSIÇÃO BÁSICA: água, malte de cevada, cereais não maltados e lúpulo
CARACTERÍSTICAS: coloração marrom-avermelhada, espuma intensa e cremosa, encorpada, forte, aroma de malte torrado, amargor pronunciado e sensação residual refrescante e adstringente

OBS: DEGUSTADA EM: ___/___/___

NOBEL

Cerveja nacional Pilsen clara, produzida pela Indústria de Bebidas Igarassú, do Grupo Schincariol, de baixa fermentação e teor alcoólico declarado de 4,7%
COMPOSIÇÃO BÁSICA: água, malte de cevada, cereais não maltados, carboidratos e lúpulo
CARACTERÍSTICAS: coloração amarela, espuma de boa formação e queda lenta, levemente encorpada, aroma de cereais, amargor suave e sensação remanescente leve e refrescante

OBS: DEGUSTADA EM: ___/___/___

NORTEÑA

Cerveja uruguaia Pilsen clara, produzida pela Fabricas Nacionales de Cerveza, de baixa fermentação e teor alcoólico declarado de 5%
COMPOSIÇÃO BÁSICA: água, malte de cevada, adjuntos cervejeiros (carboidratos de diversas formas) e lúpulo
CARACTERÍSTICAS: coloração amarelo-clara, espuma intensa e firme, encorpada, aroma de cereais, amargor pronunciado e sensação residual adstringente

OBS: DEGUSTADA EM: ___/___/___

NOVA SCHIN MALZBIER

Cerveja nacional escura, forte, tipo Malzbier, produzida pelo Grupo Schincariol, de baixa fermentação e teor alcoólico declarado de 4%
COMPOSIÇÃO BÁSICA: água, malte de cevada, cereais não maltados, carboidratos, lúpulo e corante caramelo
CARACTERÍSTICAS: coloração negro-avermelhada, espuma intensa e de queda lenta, forte e adocicada, aroma de caramelo, amargor muito leve e sensação residual doce

OBS: DEGUSTADA EM: ___/___/___

NOVA SCHIN MUNICH

Cerveja nacional Pilsen escura, tipo Munique, produzida pelo Grupo Schincariol, de baixa fermentação e teor alcoólico declarado de 4,7%
COMPOSIÇÃO BÁSICA: água, malte de cevada, cereais não maltados, carboidratos, corante caramelo e lúpulo
CARACTERÍSTICAS: coloração castanho-avermelhada, espuma de boa formação e queda lenta, encorpada, aroma de malte torrado, amargor harmonioso e sensação residual de toffee e amarga

OBS: DEGUSTADA EM: ___/___/___

NOVA SCHIN PILSEN

Cerveja nacional Pilsen clara, produzida pelo Grupo Schincariol, de baixa fermentação e teor alcoólico declarado de 4,7%
COMPOSIÇÃO BÁSICA: água, malte de cevada, cereais não maltados, carboidratos e lúpulo
CARACTERÍSTICAS: coloração amarelo-clara, espuma de boa formação e persistente, corpo leve, aroma de cereais, amargor muito suave e sensação residual refrescante

OBS: DEGUSTADA EM: ___/___/___

NOVA SCHIN SEM ÁLCOOL

Cerveja nacional Pilsen clara, leve e sem álcool, produzida pelo Grupo Schincariol, de baixa fermentação e teor alcoólico menor que 0,5%
COMPOSIÇÃO BÁSICA: água, malte de cevada, cereais não maltados, carboidratos e lúpulo
CARACTERÍSTICAS: coloração amarelo-ouro, espuma intensa e firme, corpo leve e adocicado, aroma de cereais cozidos, amargor equilibrado e sensação residual doce de cereal cozido

OBS: DEGUSTADA EM: ___/___/___

NOVA SCHIN ZERO

Cerveja nacional Pilsen clara, tipo sem álcool, produzida pelo Grupo Schincariol, de baixa fermentação
COMPOSIÇÃO BÁSICA: água, malte de cevada, cereais não maltados, carboidratos e lúpulo
CARACTERÍSTICAS: coloração amarelo-clara, espuma de boa formação e queda lenta, muito leve, aroma de cereais maltados, amargor muito suave e sensação residual refrescante

OBS: DEGUSTADA EM: ___/___/___

OETTINGER HEFEWEISSBIER

Cerveja alemã clara, tipo Ale de trigo, refermentada na própria garrafa, produzida pela Oettinger Brauerei, em Gotha, de alta fermentação e teor alcoólico declarado de 4,9%
COMPOSIÇÃO BÁSICA: água, malte de trigo, malte de cevada e lúpulo
CARACTERÍSTICAS: coloração amarelo-ouro, espuma intensa e firme, turva pela presença de fermento, encorpada, aromas frutado e de fermento, amargor suave e sensação residual refrescante

OBS: DEGUSTADA EM: ___/___/___

OETTINGER PILS

Cerveja alemã Pilsen clara, produzida pela Oettinger Brauerei, de baixa fermentação e teor alcoólico declarado de 4,7%
COMPOSIÇÃO BÁSICA: água, malte de cevada e lúpulo
CARACTERÍSTICAS: coloração amarelo-ouro, espuma forte e consistente, aroma fino de lúpulo, encorpada e amarga, amargor forte de lúpulo e sensação residual amarga e seca

OBS: DEGUSTADA EM: ___/___/___

OETTINGER SUPER FORTE

Cerveja alemã clara, tipo Double Bock, forte, produzida pela Cervejaria Oettinger, de baixa fermentação e teor alcoólico declarado de 8,9%
COMPOSIÇÃO BÁSICA: água, malte de cevada, açúcar e lúpulo
CARACTERÍSTICAS: coloração amarelo-ouro, espuma de boa formação e queda rápida, licorosa, aroma alcoólico, amargor agradável de lúpulo e sensação residual alcoólica e de xarope de malte

OBS: DEGUSTADA EM: ___/___/___

OLD SCRATCH AMBER LAGER

Cerveja norte-americana, tipo Amber Ale, produzida pela Flying Dog Brewery, de baixa fermentação e teor alcoólico declarado de 5,5%
COMPOSIÇÃO BÁSICA: água, malte de cevada e lúpulo
CARACTERÍSTICAS: coloração castanho-clara, límpida, espuma de boa formação e boa estabilidade, aromas de lúpulo e malte tostado, corpo médio, amargor harmonioso e sensação residual amarga de lúpulo, tostada e adocicada

OBS: DEGUSTADA EM: ___/___/___

OPA BIER OLD ALE

Cerveja nacional clara, tipo Old Ale, edição comemorativa de 5 anos da Cervejaria Joinville, em Pirabeiraba, SC, de alta fermentação e teor alcoólico declarado de 6,5%
COMPOSIÇÃO BÁSICA: água, malte de cevada e lúpulo
CARACTERÍSTICAS: coloração âmbar, límpida, pouca formação de espuma de baixa estabilidade, aroma de cereal maltado e caramelo, sabor adocicado, maltado e lupulado, amargor harmonioso com o estilo e sensação residual de aquecimento e adocicada

OBS: DEGUSTADA EM: ___/___/___

OPA BIER PALE ALE

Cerveja nacional acobreada, tipo Pale Ale, produzida pela Cervejaria Joinville, de alta fermentação e teor alcoólico declarado de 4,8%
COMPOSIÇÃO BÁSICA: água, malte de cevada e lúpulo
CARACTERÍSTICAS: coloração âmbar, límpida, pouca formação de espuma de baixa estabilidade, aroma frutado de ésteres e caramelo, sabor de cereal maltado, amargor suave e sensação residual adocicada, seca e curta

OBS: DEGUSTADA EM: ___/___/___

OPA BIER PILSEN

Cerveja nacional clara, tipo American Lager, produzida pela Cervejaria Joinville, de baixa fermentação e teor alcoólico declarado de 4,6%
COMPOSIÇÃO BÁSICA: água, malte de cevada e lúpulo
CARACTERÍSTICAS: coloração amarelo-clara, límpida, espuma de boa formação e persistente, aroma de cereais cozidos, sabor leve, amargor muito suave e sensação residual refrescante e de cereais cozidos

OBS:

DEGUSTADA EM:
___/___/___

OPA BIER PORTER

Cerveja nacional escura, tipo Porter, produzida pela Cervejaria Joinville, de alta fermentação e teor alcoólico declarado de 4,6%
COMPOSIÇÃO BÁSICA: água, malte de cevada e lúpulo
CARACTERÍSTICAS: coloração castanho-escura, espuma de boa formação e baixa estabilidade, aroma de cereais tostados e café, sabor adstringente de café e adocicado, amargor suave e sensação residual adstringente, seca e curta

OBS:

DEGUSTADA EM:
___/___/___

OPA BIER WEIZEN

Cerveja nacional de trigo clara, tipo Weizenbier, produzida pela Cervejaria Joinville, de alta fermentação e teor álcoólico declarado de 4,6%
COMPOSIÇÃO BÁSICA: água, malte de cevada, malte de trigo e lúpulo
CARACTERÍSTICAS: coloração amarelo-palha, turva pela presença de fermento, espuma de média formação e baixa estabilidade, aroma frutado de ésteres, sabor levemente ácido, amargor muito suave e sensação residual refrescante e adstringente

OBS:

DEGUSTADA EM:
___/___/___

ORVAL

Cerveja belga trapista clara, tipo Belgian Ale Abbey, produzida pela Brasserie D'Orval, em Villers-devant-Orval, de alta fermentação e teor alcoólico declarado de 6,2%
COMPOSIÇÃO BÁSICA: água, malte de cevada, carboidratos e lúpulo
CARACTERÍSTICAS: coloração âmbar, turva pela refermentação na garrafa, espuma intensa e persistente, aromas complexos de frutas, especiarias e lúpulo, encorpada e amarga, amargor persistente e sensação residual amarga e seca

OBS:

DEGUSTADA EM:
___/___/___

PAGE 24 RÉSERVE HILDEGARDE AMBRÉE

Cerveja francesa, tipo Bière de Garde, produzida pela Brasserie Le Saint Germain, em Aix-Noulette, de alta fermentação e teor alcoólico declarado de 6,9%
COMPOSIÇÃO BÁSICA: água, malte de cevada e lúpulo
CARACTERÍSTICAS: coloração âmbar-alaranjada, levemente turva, espuma de média formação e boa resistência, aroma esterificado com notas de frutas secas, sabor levemente adocicado, encorpada, amargor suave e equilibrado e sensação residual adocicada e alcoólica

OBS: 	DEGUSTADA EM: ___/___/___

PAGE 24 RÉSERVE HILDEGARDE BLONDE

Cerveja francesa, tipo Bière de Garde, produzida pela Brasserie Le Saint Germain, de alta fermentação e teor alcoólico declarado de 6,9%
COMPOSIÇÃO BÁSICA: água, malte de cevada e lúpulo
CARACTERÍSTICAS: coloração dourada, levemente turva, espuma cremosa e de média persistência, aromas suavemente frutado e de cereais maltados, sabores frutado e de cereais, amargor cítrico e sensação residual de malte, frutas e especiarias

OBS: 	DEGUSTADA EM: ___/___/___

PALM

Cerveja belga clara, tipo Belgian Ale, produzida pela Palm Breweries, em Steenhuffel, de alta fermentação e teor alcoólico declarado de 5,4%
COMPOSIÇÃO BÁSICA: água, malte de cevada, cereais não maltados, carboidratos e lúpulo
CARACTERÍSTICAS: coloração amarelo-ouro, espuma intensa e de boa estabilidade, aromas de malte e frutado de ésteres, corpo suave, amargor delicado e sensação residual de malte com um toque frutado

OBS: 	DEGUSTADA EM: ___/___/___

PALM ROYALE

Cerveja belga clara, tipo Belgian Ale, produzida pela Palm Breweries, de alta fermentação e teor alcoólico declarado de 7,5%
COMPOSIÇÃO BÁSICA: água, malte de cevada, cereais não maltados, carboidratos e lúpulo
CARACTERÍSTICAS: coloração amarelo-clara, espuma intensa e duradoura, aroma complexo com vários ésteres, encorpada, amargor harmonioso e sensação residual adocicada de malte e especiarias

OBS: 	DEGUSTADA EM: ___/___/___

PALM STEEN BRUGGE DUBBEL BRUIN

Cerveja belga escura, tipo Abadia Dubbel, produzida pela Palm Breweries, de alta fermentação e teor alcoólico declarado de 6,5%
COMPOSIÇÃO BÁSICA: água, malte de cevada e lúpulo
CARACTERÍSTICAS: coloração castanho-avermelhada turva, espuma intensa e duradoura, aromas complexos de malte e ervas, corpo marcante do malte, amargor suave e sensação residual de malte, frutas e ésteres

OBS:

DEGUSTADA EM:
___/___/___

PATRICIA SALUS

Cerveja uruguaia Pilsen clara, produzida pela Fabricas Nacionales de Cerveza, de baixa fermentação e teor alcoólico declarado de 5%
COMPOSIÇÃO BÁSICA: água, malte de cevada, adjuntos cervejeiros e lúpulo
CARACTERÍSTICAS: coloração amarelo-clara, espuma intensa e firme, encorpada, aroma de cereais, amargor pronunciado e sensação residual de malte de cevada

OBS:

DEGUSTADA EM:
___/___/___

PAULANER HEFE-WEISSBIER

Cerveja de trigo alemã clara, turva, tipo Weizenbier, produzida pela Paulaner Brauerei, em Munique, de alta fermentação e teor alcoólico declarado de 5,5%
COMPOSIÇÃO BÁSICA: água, malte de cevada, malte de trigo e lúpulo
CARACTERÍSTICAS: coloração amarelo-ouro, turva pela presença de fermento, espuma intensa e persistente, encorpada e aromática, aromas frutado e intenso, amargor acentuado e sensação residual refrescante

OBS:

DEGUSTADA EM:
___/___/___

PAULANER HEFE-WEISSBIER ALKOHOLFREI

Cerveja alemã clara, turva, tipo de trigo, sem álcool, produzida pela Paulaner Brauerei e de alta fermentação
COMPOSIÇÃO BÁSICA: água, malte de cevada, malte de trigo e lúpulo
CARACTERÍSTICAS: coloração amarelo-ouro, turva pela presença de fermento, espuma intensa e firme, encorpada, aroma frutado, amargor suave e sensação residual refrescante e de especiarias

OBS:

DEGUSTADA EM:
___/___/___

PAULANER HEFE-WEISSBIER DUNKEL

Cerveja alemã escura, tipo de trigo escura, forte, produzida pela Paulaner Brauerei, de alta fermentação e teor alcoólico declarado de 5,3%
COMPOSIÇÃO BÁSICA: água, malte de cevada, malte de trigo e lúpulo
CARACTERÍSTICAS: coloração castanho-escura, turva pela presença de fermento, espuma intensa e firme, encorpada, aroma de malte torrado, amargor delicado de lúpulo e sensação residual refrescante e encorpada

OBS:

DEGUSTADA EM:
___/___/___

PAULANER ORIGINAL MÜNCHENER HELL

Cerveja Pilsen alemã clara, produzida pela Paulaner Brauerei, de baixa fermentação e teor alcoólico declarado de 4,9%
COMPOSIÇÃO BÁSICA: água, malte de cevada e lúpulo
CARACTERÍSTICAS: coloração amarelo-ouro, espuma intensa e firme, encorpada, aromas de cereais e lúpulo, amargor forte de lúpulo e sensação residual refrescante

OBS:

DEGUSTADA EM:
___/___/___

PAULANER SALVATOR

Cerveja alemã escura, tipo Double Bock, forte, produzida pela Paulaner Brauerei, de baixa fermentação e teor alcoólico declarado de 7,9%
COMPOSIÇÃO BÁSICA: água, malte de cevada e lúpulo
CARACTERÍSTICAS: coloração castanho-escura, espuma de boa formação e queda lenta, encorpada, aroma de malte tostado, amargor pronunciado e adstringente e sensação residual adocicada e agradavelmente amarga

OBS:

DEGUSTADA EM:
___/___/___

PAULANER WEISSBIER KRISTALLKLAR

Cerveja alemã clara, de trigo, produzida pela Paulaner Brauerei, de alta fermentação e teor alcoólico declarado de 5,2%
COMPOSIÇÃO BÁSICA: água, malte de trigo, malte de cevada e lúpulo
CARACTERÍSTICAS: coloração amarelo-ouro, espuma intensa e persistente, encorpada, aroma ácido com predominância de canela, amargor harmonioso e sensação residual refrescante e ácida

OBS:

DEGUSTADA EM:
___/___/___

PAULISTÂNIA

Cerveja nacional Pilsen, produzida pela Cervejaria Casa Di Conti, de baixa fermentação e teor alcoólico declarado de 4,8%
COMPOSIÇÃO BÁSICA: água, malte de cevada e lúpulo
CARACTERÍSTICAS: coloração amarelo-ouro, límpida, espuma de boa formação e estabilidade, aroma de cereais maltados, corpo médio-baixo, amargor leve e sensação residual adstringente e amarga

OBS:

DEGUSTADA EM:
___/___/___

PAUWEL KWAK

Cerveja belga escura, tipo Strong Ale, produzida pela Boosteels Brewery, em Buggenhout, de alta fermentação e teor alcoólico declarado de 8,4%
COMPOSIÇÃO BÁSICA: água, malte de cevada e lúpulo
CARACTERÍSTICAS: coloração castanho-avermelhada, espuma intensa e de boa duração, aroma adocicado de malte, encorpada e levemente cítrica, amargor suave e sensação residual refrescante e adocicada

OBS:

DEGUSTADA EM:
___/___/___

PETRA AURUM

Cerveja nacional Pilsen clara, forte, produzida pela Cervejaria Petrópolis, em Teresópolis, RJ, de baixa fermentação e teor alcoólico declarado de 6,2%
COMPOSIÇÃO BÁSICA: água, malte de cevada e lúpulo
CARACTERÍSTICAS: coloração amarelo-ouro, espuma de boa formação e firme, encorpada, aroma de cereais maltados, amargor equilibrado e sensação residual encorpada e agradavelmente amarga

OBS:

DEGUSTADA EM:
___/___/___

PETRA BOCK

Cerveja nacional escura, tipo Bock, forte, produzida pela Cervejaria Petrópolis, de baixa fermentação e teor alcoólico declarado de 6,2%
COMPOSIÇÃO BÁSICA: água, malte de cevada, cereais não maltados, carboidratos, corante caramelo e lúpulo
CARACTERÍSTICAS: coloração castanho-avermelhada, espuma de boa formação e queda lenta, levemente encorpada, aroma de cereais, amargor suave e sensação residual refrescante e agradavelmente amarga

OBS:

DEGUSTADA EM:
___/___/___

PETRA PREMIUM

Cerveja nacional Pilsen escura, produzida pela Cervejaria Petrópolis, de baixa fermentação e teor alcoólico declarado de 4,4%
COMPOSIÇÃO BÁSICA: água, malte de cevada, cereais não maltados, carboidratos transformados, lúpulo e corante caramelo
CARACTERÍSTICAS: coloração negro-avermelhada, espuma intensa e de queda lenta, forte e encorpada, aroma adocicado, amargor suave e sensação residual de malte torrado

OBS:

DEGUSTADA EM: ___/___/___

PETRA SCHWARZBIER

Cerveja nacional Pilsen escura, forte, tipo Schwarzbier, produzida pela Cervejaria Petrópolis, de baixa fermentação e teor alcoólico declarado de 6,2%
COMPOSIÇÃO BÁSICA: água, malte de cevada, cereais não maltados, carboidratos, corante caramelo e lúpulo
CARACTERÍSTICAS: coloração negro-avermelhada, espuma intensa e firme, encorpada, aroma de cereal torrado, amargor pronunciado e adstringente e sensação residual agradavelmente adstringente e alcoólica

OBS:

DEGUSTADA EM: ___/___/___

PETRA STARK BIER

Cerveja nacional clara forte, tipo American Lager, produzida pela Cervejaria Petrópolis, de baixa fermentação e teor alcoólico declarado de 8,2%
COMPOSIÇÃO BÁSICA: água, malte de cevada e lúpulo
CARACTERÍSTICAS: coloração amarelo-ouro brilhante, límpida, espuma intensa e persistente, aroma de cereal maltado e toffe, encorpada e licorosa, amargor harmonioso e sensação residual agradavelmente amarga e de aquecimento

OBS:

DEGUSTADA EM: ___/___/___

PETRA WEISSBIER

Cerveja nacional de trigo clara, tipo Weizenbier, produzida pela Cervejaria Petrópolis, de alta fermentação e teor alcoólico declarado de 5,2%
COMPOSIÇÃO BÁSICA: água, malte de cevada, malte de trigo e lúpulo
CARACTERÍSTICAS: coloração amarelo-clara, turva, espuma intensa e duradoura, aroma de ésteres frutados e de especiarias, sabor frutado e suave de malte, amargor herbal e sensação residual agradavelmente refrescante e seca

OBS:

DEGUSTADA EM: ___/___/___

PFUNGSTÄDTER EXPORT CLASSIC

Cerveja alemã Pilsen clara, tipo Export, produzida pela Pfungstädter Brauerei, em Pfungstadt, de baixa fermentação e teor alcoólico declarado de 5,3%
COMPOSIÇÃO BÁSICA: água, malte de cevada e lúpulo
CARACTERÍSTICAS: coloração amarelo-clara, espuma de boa formação e queda lenta, aroma de cereais maltados, encorpada, amargor agradável e sensação residual refrescantemente amarga

OBS:
DEGUSTADA EM: ___/___/___

PIETRA

Cerveja francesa clara, tipo Specialty Beer, produzida pela Brasserie Pietra, na Córsega, França, de baixa fermentação e teor alcoólico declarado de 6%
COMPOSIÇÃO BÁSICA: água, malte de cevada, farinha de castanha do Corso e lúpulo
CARACTERÍSTICAS: coloração âmbar, límpida, pouca formação de espuma com baixa estabilidade, aroma de castanha e cereais maltados, sabor adocicado de malte e com nota de castanha, amargor muito suave e sensação residual seca e levemente adstringente

OBS:
DEGUSTADA EM: ___/___/___

PILS MALZBIER

Cerveja nacional Pilsen escura, tipo Malzbier, produzida pela Cervejaria Krill, de baixa fermentação e teor alcoólico declarado de 4,5%
COMPOSIÇÃO BÁSICA: água, malte de cevada, carboidratos, lúpulo e corante caramelo
CARACTERÍSTICAS: coloração castanho-escuro-avermelhada, espuma intensa e de queda lenta, leve, adocicada, aroma suave, amargor muito suave e sensação residual amarga e adocicada devido ao malte torrado

OBS:
DEGUSTADA EM: ___/___/___

PILS PILSEN

Cerveja nacional Pilsen clara, produzida pela Cervejaria Krill, de baixa fermentação e teor alcoólico declarado de 4,5%
COMPOSIÇÃO BÁSICA: água, malte de cevada, carboidratos e lúpulo
CARACTERÍSTICAS: coloração amarela, espuma forte e consistente, levemente encorpada, aroma de cereais cozidos, amargor pronunciado e sensação residual persistente de cereal cozido

OBS:
DEGUSTADA EM: ___/___/___

PILSEN

Cerveja uruguaia Pilsen clara, tipo Especial (classificação sem correspondência no Brasil), produzida pela Fabrica Nacionales de Cerveza, de baixa fermentação e teor alcoólico declarado de 5,1%
COMPOSIÇÃO BÁSICA: água, malte de cevada, adjuntos cervejeiros e lúpulo
CARACTERÍSTICAS: coloração amarelo-ouro, espuma intensa e firme, encorpada, aroma de malte, amargor pronunciado de lúpulo e sensação residual agradavelmente amarga

OBS: DEGUSTADA EM: ___/___/___

PILSNER URQUELL

Cerveja tcheca, tipo Pilsen, estilo Bohemian Pilsener, produzida pela cervejaria Plzensky Prazdroj na cidade de Plzn, baixa fermentação e teor alcoólico declarado de 4,4%
COMPOSIÇÃO BÁSICA: água, malte de cevada e lúpulo
CARACTERÍSTICAS: coloração dourada, límpida, espuma firme e persistente, aroma terral de lúpulo e sabor intenso de malte, encorpada, amargor intenso e sensação residual equilibrada entre o amargo do lúpulo e o doce do malte

OBS: DEGUSTADA EM: ___/___/___

PIVA

Cerveja nacional Pilsen clara, produzida pela WorldBev, de baixa fermentação e teor alcoólico declarado de 4,5%
COMPOSIÇÃO BÁSICA: água, malte de cevada, carboidratos e lúpulo
CARACTERÍSTICAS: coloração amarelo-clara, espuma de boa formação e queda lenta, leve, aroma de cereais cozidos, amargor muito suave e sensação residual refrescante

OBS: DEGUSTADA EM: ___/___/___

POLEEKO GOLD PALE ALE

Cerveja norte-americana, tipo American Pale Ale, produzida pela Anderson Valley, de alta fermentação e teor alcoólico declarado de 5,5%
COMPOSIÇÃO BÁSICA: água, malte de cevada e lúpulo
CARACTERÍSTICAS: coloração amarelo-ouro, levemente turva, espuma de boa formação e estabilidade, corpo médio-baixo e seco, aromas de lúpulo herbal e ervas, amargor intenso e seco e sensação residual seca, amarga do lúpulo e adocicada

OBS: DEGUSTADA EM: ___/___/___

PRIMÁTOR DOUBLE 24%

Cerveja tcheca escura, tipo Porter, produzida pela Pivovar Nachod, em Nachod, de alta fermentação e teor alcoólico declarado de 10,5%
COMPOSIÇÃO BÁSICA: água, malte de cevada, trigo, carboidratos e lúpulo
CARACTERÍSTICAS: coloração castanho-escuro-avermelhada, espuma de boa formação e queda rápida, aromas de malte torrado e álcool, encorpada e doce, amargor agradável e sensação residual adocicada

OBS: DEGUSTADA EM: ___/___/___

PRIMÁTOR ENGLISH PALE ALE

Cerveja tcheca clara, tipo Pale Ale, produzida pela Pivovar Nachod, de alta fermentação e teor alcoólico declarado de 5%
COMPOSIÇÃO BÁSICA: água, malte de cevada, trigo, aveia e lúpulo
CARACTERÍSTICAS: coloração castanha, espuma de boa formação e estabilidade, aromas frutado e de cereais maltados, encorpada e levemente adstringente, amargor harmonioso e sensação residual refrescante e um pouco amarga

OBS: DEGUSTADA EM: ___/___/___

PRIMÁTOR EXKLUZIV 16%

Cerveja tcheca Pilsen clara, tipo Doppelbock, produzida pela Pivovar Nachod, de baixa fermentação e teor alcoólico declarado de 7,5%
COMPOSIÇÃO BÁSICA: água, malte de cevada, carboidratos e lúpulo
CARACTERÍSTICAS: coloração amarelo-ouro, espuma de boa formação e estabilidade, aroma de cereais maltados, encorpada e alcoólica, amargor pronunciado e sensação residual levemente amarga e seca

OBS: DEGUSTADA EM: ___/___/___

PRIMÁTOR POLOTMAVÝ 13%

Cerveja tcheca Pilsen colorida, tipo Viena, produzida pela Pivovar Nachod, de baixa fermentação e teor alcoólico declarado de 5,5%
COMPOSIÇÃO BÁSICA: água, malte de cevada, trigo e lúpulo
CARACTERÍSTICAS: coloração castanho-clara, espuma intensa e de boa estabilidade, aroma adocicado de cereais maltados, encorpada, amargor agradável e sensação residual adstringente e amarga

OBS: DEGUSTADA EM: ___/___/___

PRIMÁTOR PREMIUM

Cerveja tcheca Pilsen clara, tipo Bohemia, produzida pela Pivovar Nachod, de baixa fermentação e teor alcoólico declarado de 5%
COMPOSIÇÃO BÁSICA: água, malte de cevada e lúpulo
CARACTERÍSTICAS: coloração amarelo-ouro, espuma de boa formação e estabilidade, aroma cítrico de lúpulo, encorpada, amargor pronunciado e sensação residual amarga e adstringente

OBS:

DEGUSTADA EM:
___/___/___

PRIMÁTOR PREMIUM DARK

Cerveja tcheca Pilsen escura, tipo Munich, produzida pela Pivovar Nachod, de baixa fermentação e teor alcoólico declarado de 4,8%
COMPOSIÇÃO BÁSICA: água, malte de cevada e lúpulo
CARACTERÍSTICAS: coloração castanho-escuro-avermelhada, espuma de boa formação e estabilidade, aroma de malte torrado, corpo suave, amargor agradável e sensação residual adstringente e amarga

OBS:

DEGUSTADA EM:
___/___/___

PRIMÁTOR RYTÍRSKÝ 21%

Cerveja tcheca Pilsen escura, tipo Malt Liquor, produzida pela Pivovar Nachod, de baixa fermentação e teor alcoólico declarado de 9%
COMPOSIÇÃO BÁSICA: água, malte de cevada, trigo, carboidratos e lúpulo
CARACTERÍSTICAS: coloração castanho-clara, espuma intensa e de boa estabilidade, aromas de cereais maltados e lúpulo, encorpada e alcoólica, amargor pronunciado e sensação residual refrescantemente amarga e alcoólica

OBS:

DEGUSTADA EM:
___/___/___

PRIMÁTOR SVETLÝ

Cerveja tcheca Pilsen clara, tipo Light, produzida pela Pivovar Nachod, de baixa fermentação e teor alcoólico declarado de 4%
COMPOSIÇÃO BÁSICA: água, malte de cevada e lúpulo
CARACTERÍSTICAS: coloração amarelo-clara, espuma de boa formação e queda lenta, aroma adocicado de cereais maltados, corpo suave, amargor agradável e sensação residual refrescantemente amarga

OBS:

DEGUSTADA EM:
___/___/___

PRIMÁTOR WEIZENBIER

Cerveja tcheca clara, tipo de trigo, turva, produzida pela Pivovar Nachod, de alta fermentação e teor alcoólico declarado de 5%
COMPOSIÇÃO BÁSICA: água, malte de cevada, trigo e lúpulo
CARACTERÍSTICAS: coloração amarelo-clara, levemente turva, espuma intensa e persistente, aromas complexos de ésteres e lúpulo, corpo suave, amargor pronunciado e sensação residual de lúpulo e especiarias

OBS:

DEGUSTADA EM:
___/___/___

PRIMUS

Cerveja nacional Pilsen clara, produzida pela Schincariol, de baixa fermentação e teor alcoólico declarado de 4,7%
COMPOSIÇÃO BÁSICA: água, malte de cevada, cereais não maltados e lúpulo
CARACTERÍSTICAS: coloração amarelo-clara, espuma de boa formação e queda lenta, corpo leve, aroma suave de cereais, amargor suave e sensação residual muito leve

OBS:

DEGUSTADA EM:
___/___/___

PROSIT

Cerveja nacional Pilsen clara, produzida pela WorldBev, de baixa fermentação e teor alcoólico declarado de 4,5%
COMPOSIÇÃO BÁSICA: água, malte de cevada, carboidratos e lúpulo
CARACTERÍSTICAS: coloração amarelo-clara, espuma de boa formação e queda lenta, suave, aroma de cereais, amargor leve e sensação residual refrescante e amarga

OBS:

DEGUSTADA EM:
___/___/___

PUERTO DEL SOL

Cerveja nacional Pilsen clara, produzida pela Ambev, de baixa fermentação e teor alcoólico declarado de 4,3%
COMPOSIÇÃO BÁSICA: água, malte de cevada, cereais não maltados, carboidratos e lúpulo
CARACTERÍSTICAS: coloração amarelo-clara, espuma de boa formação e queda lenta, leve, aroma suave de cereais, amargor muito leve e sensação residual refrescante e suave

OBS:

DEGUSTADA EM:
___/___/___

QUILMES

Cerveja argentina Pilsen clara, produzida pela Cervejaria Quilmes, em Buenos Aires, de baixa fermentação e teor alcoólico declarado de 4,9%
COMPOSIÇÃO BÁSICA: água, malte de cevada, adjuntos cervejeiros e lúpulo
CARACTERÍSTICAS: coloração amarelo-clara, espuma intensa e de boa consistência, leve, aroma suave de cereal maltado, amargor equilibrado e sensação residual refrescante

OBS: DEGUSTADA EM: ___/___/___

RASEN AMBAR ALE

Cerveja nacional acobreada, tipo Amber Ale, produzida pela Cervejaria Rasen Bier Ltda, de Gramado, RS, de alta fermentação e teor alcoólico declarado de 5,2%
COMPOSIÇÃO BÁSICA: água, malte de cevada e lúpulo
CARACTERÍSTICAS: coloração âmbar, levemente turva, espuma intensa e persistente, aroma frutado de ésteres e lúpulo, sabor levemente cítrico, amargor harmonioso e sensação residual refrescante e suave

OBS: DEGUSTADA EM: ___/___/___

RASEN DUNKEL

Cerveja nacional escura, tipo Schwarzbier, produzida pela Cervejaria Rasen Bier Ltda, de baixa fermentação e teor alcoólico declarado de 4,8%
COMPOSIÇÃO BÁSICA: água, malte de cevada e lúpulo
CARACTERÍSTICAS: coloração marrom-escura, levemente turva, espuma de média formação e baixa estabilidade, aroma de malte, café e toffee, sabor adocicado e adstringente, amargor suave e sensação residual adstringente e seca

OBS: DEGUSTADA EM: ___/___/___

RASEN PILSEN

Cerveja nacional clara, tipo American Lager, produzida pela Cervejaria Rasen Bier Ltda, de baixa fermentação e teor alcoólico declarado de 4,8%
COMPOSIÇÃO BÁSICA: água, malte de cevada e lúpulo
CARACTERÍSTICAS: coloração amarelo-ouro, límpida, espuma de boa formação e boa estabilidade, aroma de cereal maltado, encorpada pelo malte, amargor leve e sensação residual refrescante e maltada

OBS: DEGUSTADA EM: ___/___/___

RASEN WEIZEN

Cerveja nacional de trigo clara, tipo Weizenbier, produzida pela Cervejaria Rasen Bier Ltda, de alta fermentação e teor alcoólico declarado de 5,5%
COMPOSIÇÃO BÁSICA: água, malte de cevada, malte de trigo e lúpulo
CARACTERÍSTICAS: coloração amarelo-clara, turva pela presença de fermento, espuma intensa e de boa estabilidade, aroma frutado suave de ésteres, leve com carbonatação alta, amargor suave e sensação residual refrescante e levemente adstringente

OBS:

DEGUSTADA EM: ___/___/___

RAVACHE GOLD

Cerveja nacional, tipo American Lager, produzida pela Cervejaria Guitt's, baixa fermentação e teor alcoólico declarado de 4,8%
COMPOSIÇÃO BÁSICA: água, malte de cevada e lúpulo
CARACTERÍSTICAS: coloração amarelo-dourada, límpida, espuma de boa formação e estabilidade, aroma de cereais maltados, corpo médio-baixo, sabor maltado, amargor leve e sensação residual refrescante e adstringente

OBS:

DEGUSTADA EM: ___/___/___

RIO CLARO

Cerveja nacional Pilsen clara, produzida pela Cervejaria Krill, de baixa fermentação e teor alcoólico declarado de 4,5%
COMPOSIÇÃO BÁSICA: água, malte de cevada, carboidratos e lúpulo
CARACTERÍSTICAS: coloração amarelo-clara, espuma de boa formação e queda lenta, muito leve, aroma suave de cereais maltados, amargor muito leve e sensação residual leve e refrescante

OBS:

DEGUSTADA EM: ___/___/___

ROAD DOG PORTER

Cerveja norte-americana, tipo Porter, produzida pela Flying Dog Brewery, de alta fermentação e teor alcoólico declarado de 6%
COMPOSIÇÃO BÁSICA: água, malte de cevada e lúpulo
CARACTERÍSTICAS: coloração castanho-escura, límpida, espuma de boa formação e queda lenta, aromas de malte tostado e café, amargor de lúpulo e de torrado, corpo médio-baixo, adocicado e sensação residual adocicada e cítrica do lúpulo

OBS:

DEGUSTADA EM: ___/___/___

RODENBACH GRAND CRU

Cerveja belga escura, tipo Red Ale, produzida pela NV Palm Breweries AS, na Bélgica, de fermentação mista, maturada em barris de carvalho e teor alcoólico declarado de 6%
COMPOSIÇÃO BÁSICA: água, malte de cevada, açúcares, milho e lúpulo
CARACTERÍSTICAS: coloração marrom-avermelhada, levemente turva, espuma de boa formação e boa estabilidade, aroma de vinho tinto e ácido, sabor acético e picante, amargor imperceptível e sensação residual refrescante, ácida e seca

OBS:

DEGUSTADA EM: ___/___/___

ROGUE AMBER ALE

Cerveja norte-americana, tipo Amber Ale, produzida pela Rogue Ales Brewery, de alta fermentação e teor alcoólico declarado de 5,3%
COMPOSIÇÃO BÁSICA: água, malte de cevada e lúpulo
CARACTERÍSTICAS: coloração acobreada, levemente turva, espuma intensa e de boa estabilidade, aromas de cereais maltados e lúpulo, sabores aveludados de malte, caramelo e amargo, corpo médio, amargor intenso e sensação residual amarga e adstringente

OBS:

DEGUSTADA EM: ___/___/___

ROGUE BRUTAL BITTER

Cerveja norte-americana, tipo Premium Bitter - ESB, produzida pela Rogue Ales Brewery, de alta fermentação e teor alcoólico declarado de 6,2%
COMPOSIÇÃO BÁSICA: água, malte de cevada e lúpulo
CARACTERÍSTICAS: coloração alaranjada, levemente turva, com boa formação de espuma, aromas intensos cítrico e de ervas, com notas de manga e laranja, sabor intenso de lúpulo sem ser agressivo e sensação residual frutada e picante

OBS:

DEGUSTADA EM: ___/___/___

ROGUE DEAD GUY ALE

Cerveja norte-americana, tipo Heller Bock – Maibock, produzida pela Rogue Ales Brewery, de alta fermentação e teor alcoólico declarado de 6,6%
COMPOSIÇÃO BÁSICA: água, malte de cevada e lúpulo
CARACTERÍSTICAS: coloração dourada intensa, levemente turva, espuma de boa formação e persistente, aromas suaves de fruta e lúpulo, corpo médio, sabores de cereais e lúpulo e sensação residual amarga e refrescante, com notas cítricas

OBS:

DEGUSTADA EM: ___/___/___

ROGUE HALZENUT BROWN NECTAR

Cerveja norte-americana, tipo Brown Ale, produzida pela Rogue Ales Brewery, de alta fermentação e teor alcoólico declarado de 6,2%
COMPOSIÇÃO BÁSICA: água, malte de cevada, avelã e lúpulo
CARACTERÍSTICAS: coloração marrom-escura, levemente turva, espuma de boa formação e persistente, aromas de avelã e cereais tostados, sabores adocicado e de malte tostado, amargor equilibrado e sensação residual adstringente e doce de chocolate

OBS:

DEGUSTADA EM:
___/___/___

ROGUE JUNÍPER PALE ALE

Cerveja norte-americana, tipo American Pale Ale, produzida pela Rogue Ales Brewery, de alta fermentação e teor alcoólico declarado de 5,9%
COMPOSIÇÃO BÁSICA: água, malte de cevada, lúpulo e zimbro
CARACTERÍSTICAS: coloração amarelo-alaranjada, levemente turva, espuma de boa formação e queda lenta, aromas floral e seco devido ao zimbro, corpo médio-baixo, sabores levemente ácido e amargo e sensação residual adstringente e de ervas

OBS:

DEGUSTADA EM:
___/___/___

ROGUE SHAKESPEARE OATMEAL STOUT

Cerveja norte-americana, tipo Oatmeal Stout, produzida pela Rogue Ales Brewery, de alta fermentação e teor alcoólico declarado de 5,6%
COMPOSIÇÃO BÁSICA: água, maltes de cevada e lúpulo
CARACTERÍSTICAS: coloração negra, espuma intensa, cremosa e persistente, aromas de malte torrado, café e chocolate, corpo médio-baixo, sabor tostado com notas de chocolate, amargor suave de lúpulo e sensação residual seca, adstringente e adocicada

OBS:

DEGUSTADA EM:
___/___/___

ROTHAUS HEFE-WEIZEN ZÄPFLE

Cerveja alemã de trigo clara, turva, tipo Weizenbier, produzida pela Badische Staatsbrauerei Rothaus AG, na Alemanha, de alta fermentação e teor alcoólico declarado de 5,4%
COMPOSIÇÃO BÁSICA: água, malte de trigo, malte de cevada e lúpulo
CARACTERÍSTICAS: coloração amarelo-alaranjada, turva pela presença de fermento, espuma intensa e persistente, aroma frutado de ésteres e ácido, sabor levemente ácido e adstringente, amargor muito suave e sensação residual refrescante, adstringente e seca

OBS:

DEGUSTADA EM:
___/___/___

ROTHAUS MÄRZEN EXPORT EIS ZÄPFLE

Cerveja alemã clara, tipo Märzen, produzida pela Badische Staatsbrauerei Rothaus AG, de baixa fermentação e teor alcoólico declarado de 5,6%
COMPOSIÇÃO BÁSICA: água, malte de cevada e lúpulo
CARACTERÍSTICAS: coloração amarelo-ouro, límpida, espuma de boa formação e ótima estabilidade, aroma de cereais maltados e de lúpulo, encorpada e adocicada pelo malte, amargor intenso e sensação residual agradavelmente amarga e longa

OBS:

DEGUSTADA EM: ___/___/___

ROTHAUS PILSEN TÄNNEN ZÄPFLE

Cerveja alemã clara, tipo Pils, produzida pela Badische Staatsbrauerei Rothaus AG, de baixa fermentação e teor alcoólico declarado de 5,1%
COMPOSIÇÃO BÁSICA: água, malte de cevada e lúpulo
CARACTERÍSTICAS: coloração amarelo-ouro, límpida, espuma de boa formação e boa estabilidade, aroma de cereal maltado e cítrico de lúpulo, encorpada e amarga, amargor intenso e sensação residual agradavelmente amarga e persistente

OBS:

DEGUSTADA EM: ___/___/___

SAIDERA PILSEN

Cerveja nacional Pilsen clara, produzida pela Cervejaria Saidera, em Serra, ES, de baixa fermentação e teor alcoólico declarado de 4,7%
COMPOSIÇÃO BÁSICA: água, malte de cevada e lúpulo
CARACTERÍSTICAS: coloração amarelo-ouro, espuma de boa formação e queda rápida, leve, aroma suave de cereais, amargor muito leve e sensação residual refrescante e adstringente

OBS:

DEGUSTADA EM: ___/___/___

SAIDERA PREMIUM

Cerveja nacional Pilsen clara, produzida pela Cervejaria Saidera, de baixa fermentação e teor alcoólico declarado de 4,7%
COMPOSIÇÃO BÁSICA: água, malte de cevada e lúpulo
CARACTERÍSTICAS: coloração amarelo-ouro, espuma intensa e de boa estabilidade, suave, aroma de cereais cozidos, amargor harmonioso e sensação residual ligeiramente amarga

OBS:

DEGUSTADA EM: ___/___/___

SAINT BIER BELGIAN GOLDEN ALE PREMIUM

Cerveja nacional clara, tipo Belgian Golden Ale, produzida pela Cervejaria Santa Catarina Ltda, em Forquilhinha, SC, de alta fermentação e teor alcoólico declarado de 5,5%
COMPOSIÇÃO BÁSICA: água, malte de cevada e lúpulo
CARACTERÍSTICAS: coloração âmbar, levemente turva, espuma de boa formação e boa estabilidade, aroma de cereais maltados, caramelo e toffee, encorpada e adocicada, amargor herbal e sensação residual de aquecimento e adocicada

OBS:

DEGUSTADA EM:
___/___/___

SAINT BIER BOCK

Cerveja nacional clara, não filtrada, tipo Pilsen, produzida pela Cervejaria Santa Catarina Ltda, de baixa fermentação e teor alcoólico declarado de 5,2%
COMPOSIÇÃO BÁSICA: água, malte de cevada e lúpulo
CARACTERÍSTICAS: coloração amarelo-ouro, levemente turva, espuma intensa e persistente, aroma de malte e de cereais cozidos, sabor suave de malte, amargor leve e sensação residual adocicada e levemente adstringente

OBS:

DEGUSTADA EM:
___/___/___

SAINT BIER IN NATURA

Cerveja nacional clara, não filtrada, tipo Pilsen, produzida pela Cervejaria Santa Catarina Ltda, de baixa fermentação e teor alcoólico declarado de 5,2%
COMPOSIÇÃO BÁSICA: água, malte de cevada e lúpulo
CARACTERÍSTICAS: coloração amarelo-ouro, levemente turva, espuma intensa e persistente, aroma de malte e de cereais cozidos, sabor suave de malte, amargor leve e sensação residual adocicada e levemente adstringente

OBS:

DEGUSTADA EM:
___/___/___

SAINT BIER PILSEN

Cerveja nacional clara, tipo Pilsen, produzida pela Cervejaria Santa Catarina Ltda, de baixa fermentação e teor alcoólico declarado de 5%
COMPOSIÇÃO BÁSICA: água, malte de cevada e lúpulo
CARACTERÍSTICAS: coloração amarelo-clara, límpida, espuma de média formação e baixa estabilidade, aroma de cereais maltados, sabor adocicado com leve amargor de lúpulo e sensação residual refrescante e seca

OBS:

DEGUSTADA EM:
___/___/___

SAINT BIER STOUT

Cerveja nacional escura, tipo Stout, produzida pela Cervejaria Santa Catarina Ltda, de alta fermentação e teor alcoólico declarado de 6%
COMPOSIÇÃO BÁSICA: água, malte de cevada e lúpulo
CARACTERÍSTICAS: coloração negra, espuma intensa e de boa estabilidade, aroma de cereais torrados, café, chocolate e toffee, amargor harmonioso e sensação residual adocicada e seca

OBS:

DEGUSTADA EM:
___/___/___

SAMBA

Cerveja nacional Pilsen clara, produzida pela Cervejaria Casa di Conti, de baixa fermentação e teor alcoólico declarado de 4,6%
COMPOSIÇÃO BÁSICA: água, malte de cevada, carboidratos e lúpulo
CARACTERÍSTICAS: coloração amarelo-clara, espuma de boa formação e persistente, leve, aroma de cereais maltados, amargor suave e sensação residual refrescante

OBS:

DEGUSTADA EM:
___/___/___

SAMBADORO

Cerveja nacional Pilsen clara, produzida pela Indústria Nacional de Bebidas, de baixa fermentação e teor alcoólico declarado de 4,6%
COMPOSIÇÃO BÁSICA: água, malte de cevada e lúpulo
CARACTERÍSTICAS: coloração amarelo-ouro, espuma de boa formação e queda lenta, encorpada, aroma fino de lúpulo, amargor acentuado e sensação residual de malte tostado

OBS:

DEGUSTADA EM:
___/___/___

SANTA CERVA

Cerveja nacional Pilsen clara, produzida pela Heineken Brasil, de baixa fermentação e teor alcoólico declarado de 4,2%
COMPOSIÇÃO BÁSICA: água, malte de cevada, cereais não maltados, carboidratos transformados e lúpulo
CARACTERÍSTICAS: coloração amarelo-clara, espuma de boa formação e queda lenta, leve, aroma suave de cereais, amargor muito leve e sensação residual leve e refrescante

OBS:

DEGUSTADA EM:
___/___/___

SAPPORO PREMIUM BEER

Cerveja japonesa Pilsen clara, produzida pela Sleeman, no Canadá, de baixa fermentação e teor alcoólico declarado de 4,78%
COMPOSIÇÃO BÁSICA: água, malte de cevada e lúpulo
CARACTERÍSTICAS: coloração amarelo-ouro, espuma de boa formação e queda lenta, encorpada e adocicada, aroma de malte de cevada, amargor pronunciado e sensação residual agradavelmente amarga

OBS: DEGUSTADA EM: ___/___/___

SAUBER GINGER

Cerveja nacional clara, tipo Specialty Beer, produzida pela Cervejaria Sauber, em Mogi Mirim, SP, de baixa fermentação e teor alcoólico declarado de 8%
COMPOSIÇÃO BÁSICA: água, malte de cevada, gengibre, especiarias e lúpulo
CARACTERÍSTICAS: coloração amarelo-ouro, levemente turva, espuma de boa formação e média estabilidade, aroma picante de gengibre e especiarias, sabor picante do gengibre e ácido, amargor de lúpulo imperceptível e sensação residual de aquecimento e picante

OBS: DEGUSTADA EM: ___/___/___

SAUBER HONEY

Cerveja nacional clara, tipo Specialty Beer, produzida pela Cervejaria Sauber, de baixa fermentação e teor alcoólico declarado de 6,5%
COMPOSIÇÃO BÁSICA: água, malte de cevada, mel e lúpulo
CARACTERÍSTICAS: coloração âmbar-clara, levemente turva, pouca formação de espuma de baixa estabilidade, aroma de mel e de cereais tostados, corpo suave, amargor harmonioso e sensação residual refrescante e levemente adstringente

OBS: DEGUSTADA EM: ___/___/___

SAUBER LEMON

Cerveja nacional clara, tipo Specialty Beer, saborizada com limão siciliano, produzida pela Cervejaria Sauber, de baixa fermentação e teor alcoólico declarado de 8%
COMPOSIÇÃO BÁSICA: água, malte de cevada, limão e lúpulo
CARACTERÍSTICAS: coloração âmbar, turva, espuma de boa formação e baixa estabilidade, aroma cítrico de limão, sabor efervescente, ácido e cítrico de limão com leve dulçor, amargor muito suave e sensação residual refrescante e ácida

OBS: DEGUSTADA EM: ___/___/___

SAUBER PUMPKIN ALE

Cerveja nacional avermelhada, tipo Pale Ale, produzida pela Cervejaria Sauber, de alta fermentação e teor alcoólico declarado de 6,5%
COMPOSIÇÃO BÁSICA: água, malte de cereais, abóbora e lúpulo
CARACTERÍSTICAS: coloração alaranjada, turva, pouca formação de espuma de baixa estabilidade, aroma adocicado de abóbora e malte, corpo suave e sabor adocicado de abóbora e caramelo, amargor suave e sensação residual adocicada e prolongada

OBS:

DEGUSTADA EM: ___/___/___

SAUBER WITBIER

Cerveja nacional âmbar clara, tipo Witbier, produzida pela Cervejaria Sauber, de alta fermentação e teor alcoólico declarado de 4,7%
COMPOSIÇÃO BÁSICA: água, malte de cevada, cascas de laranja, sementes de coentro e lúpulo
CARACTERÍSTICAS: coloração âmbar-clara, turva, espuma de boa formação e média estabilidade, aroma frutado de ésteres e de especiarias, sabor adocicado e ácido, amargor cítrico e sensação residual leve, refrescante e ácida

OBS:

DEGUSTADA EM: ___/___/___

SCHMITT ALE

Cerveja nacional escura, produzida pela Cervejaria Schmitt, em Porto Alegre, RS, refermentada na garrafa, de alta fermentação, não filtrada e teor alcoólico declarado de 4,5%
COMPOSIÇÃO BÁSICA: água, malte de cevada, malte torrado e lúpulo
CARACTERÍSTICAS: coloração castanho-escura, turva, espuma intensa e firme, encorpada, aroma forte de ésteres, amargor intenso e adstringente e sensação residual marcante

OBS:

DEGUSTADA EM: ___/___/___

SCHMITT ALE ALTO TEOR ALCOÓLICO

Cerveja nacional escura, tipo Barley Wine, produzida pela Cervejaria Schmitt, de alta fermentação, refermentada na garrafa, validade de cinco anos e teor alcoólico declarado de 8,5%
COMPOSIÇÃO BÁSICA: água, malte de cevada, malte torrado e lúpulo
CARACTERÍSTICAS: coloração castanho-escura, turva, espuma fraca, bastante encorpada, aromas frutado e alcoólico, amargor forte e sensação residual adstringente

OBS:

DEGUSTADA EM: ___/___/___

SCHMITT BARLEY WINE

Cerveja nacional clara, tipo Barley Wine, produzida pela Cervejaria Schmitt, de alta fermentação e teor alcoólico declarado de 8,5%
COMPOSIÇÃO BÁSICA: água, malte de cevada e lúpulo
CARACTERÍSTICAS: coloração castanho-avermelhada, espuma de baixa formação e queda rápida, aroma complexo de especiarias, encorpada, amargor suave e sensação residual agradavelmente frutada

OBS:

DEGUSTADA EM: ___/___/___

SCHNEIDER RÚBIA

Cerveja argentina Pilsen clara, produzida pela Cia. Ind. Cervecera, em Santa Fé, de baixa fermentação e teor alcoólico declarado 4,7%
COMPOSIÇÃO BÁSICA: água, malte de cevada, cereais não maltados e lúpulo
CARACTERÍSTICAS: coloração amarela muito clara, espuma de boa formação e queda lenta, aroma suave, corpo muito leve, amargor insipiente e sensação residual refrescante e muito leve

OBS:

DEGUSTADA EM: ___/___/___

SCOTCH SILLY

Cerveja belga, tipo Scotch Ale, produzida pela Brasserie de Silly, de alta fermentação e teor alcoólico declarado de 8%
COMPOSIÇÃO BÁSICA: água, malte de cevada, carboidratos e lúpulo
CARACTERÍSTICAS: coloração marrom-escura, turva, espuma discreta e de baixa duração, aroma de frutas com algumas notas de caramelo, sabores de malte e pão, corpo médio, amargor adstringente e sensação residual adocicada e refrescante

OBS:

DEGUSTADA EM: ___/___/___

SERRAMALTE

Cerveja nacional Pilsen clara, tipo Extra, produzida pela Ambev, de baixa fermentação e teor alcoólico declarado de 5,5%
COMPOSIÇÃO BÁSICA: água, malte de cevada, cereais não maltados, carboidratos e lúpulo
CARACTERÍSTICAS: coloração amarelo-ouro, espuma intensa e firme, encorpada, aroma de malte, amargor pronunciado de lúpulo e sensação residual agradável de amargor de lúpulo

OBS:

DEGUSTADA EM: ___/___/___

SKOL 360º

Cerveja nacional clara, tipo Pilsen, produzida pela Ambev, de baixa fermentação e teor alcoólico declarado de 4,2%
COMPOSIÇÃO BÁSICA: água, malte de cevada, cereais não maltados e lúpulo
CARACTERÍSTICAS: coloração amarelo-clara, límpida, espuma de boa formação e média estabilidade, aroma de cereias maltados e cozidos, sabor suave de cereais, amargor muito suave e sensação residual leve, refrescante e amarga

OBS:

DEGUSTADA EM: ___/___/___

SKOL BEATS

Cerveja nacional Pilsen clara, produzida pela Ambev, de baixa fermentação e teor alcoólico declarado de 5,2%, em garrafa estilizada
COMPOSIÇÃO BÁSICA: água, malte de cevada, cereais não maltados, carboidratos e lúpulo
CARACTERÍSTICAS: coloração amarelo-pálida, espuma intensa e de queda lenta, encorpada, aroma suave, amargor baixo e sensação residual refrescante

OBS:

DEGUSTADA EM: ___/___/___

SKOL LEMMON

Bebida alcoólica mista de cerveja Pilsen clara e aroma natural de limão, tipo Cerveja Frutada, produzida pela Ambev, de baixa fermentação e teor alcoólico declarado de 2,5%
COMPOSIÇÃO BÁSICA: água, cerveja clara, açúcar e aroma natural de limão
CARACTERÍSTICAS: coloração amarelo-clara, espuma de boa formação e queda rápida, corpo suave e adocicado, aroma forte de limão, amargor imperceptível e sensação residual ácida e refrescante

OBS:

DEGUSTADA EM: ___/___/___

SKOL PILSEN

Cerveja nacional Pilsen clara, produzida pela Ambev, de baixa fermentação e teor alcoólico declarado de 4,7%
COMPOSIÇÃO BÁSICA: água, malte de cevada, cereais não maltados, carboidratos e lúpulo
CARACTERÍSTICAS: coloração amarelo-clara, espuma de boa formação e queda lenta, corpo leve, aroma esterificado, amargor suave e sensação residual refrescante

OBS:

DEGUSTADA EM: ___/___/___

SNAKE DOG IPA

Cerveja norte-americana, tipo India Pale Ale, produzida pela Flying Dog Brewery, de alta fermentação e teor alcoólico declarado de 7,1%
COMPOSIÇÃO BÁSICA: água, malte de cevada e lúpulo
CARACTERÍSTICAS: coloração acobreada de mel, límpida, espuma de boa formação e estabilidade, aromas cítrico de maracujá e lúpulo, corpo médio-baixo, seco e adstringente e sensação residual intensa de amargor e adstringente

OBS:

DEGUSTADA EM:
___/___/___

SOL PILSEN BRASIL

Cerveja nacional Pilsen clara, produzida pela Heineken Brasil, de baixa fermentação e teor alcoólico declarado de 4,6%
COMPOSIÇÃO BÁSICA: água, malte de cevada, cereais não maltados, carboidratos transformados e lúpulo
CARACTERÍSTICAS: coloração amarelo-clara, espuma de boa formação e estabilidade, leve, aroma de cereais, amargor muito leve e sensação residual leve e refrescante

OBS:

DEGUSTADA EM:
___/___/___

SOL PILSEN MÉXICO

Cerveja mexicana Pilsen clara, leve, produzida pela Heineken Brasil, de baixa fermentação e teor alcoólico declarado de 4,3%
COMPOSIÇÃO BÁSICA: água, malte de cevada, cereais não maltados e lúpulo
CARACTERÍSTICAS: coloração amarelo-clara, espuma de boa formação e queda lenta, corpo leve, aroma suave de cereais, amargor muito suave e sensação residual refrescante

OBS:

DEGUSTADA EM:
___/___/___

SPATEN MÜNCHER HELL

Cerveja alemã Pilsen clara, produzida pela Spaten-Franziskaner-Bräu, em Munique, de baixa fermentação e teor alcoólico declarado de 5,2%
COMPOSIÇÃO BÁSICA: água, malte de cevada e lúpulo
CARACTERÍSTICAS: coloração amarelo-ouro, espuma de boa formação e queda lenta, encorpada, aroma suave de cereais, amargor forte e marcante e sensação residual agradavelmente amarga

OBS:

DEGUSTADA EM:
___/___/___

SPITFIRE PREMIUM KENTISH ALE

Cerveja inglesa escura, tipo Bitter Ale, produzida pela Shepherd Neame, a mais antiga cervejaria do Reino Unido, de alta fermentação e teor alcoólico declarado de 4,5%
COMPOSIÇÃO BÁSICA: água, malte de cevada e lúpulo
CARACTERÍSTICAS: coloração âmbar-avermelhada, límpida, espuma de boa formação e boa estabilidade, aroma adocicado de malte caramelo e de lúpulo, sabor amargo de lúpulo e adocicado de cereal maltado, amargor acentuado e sensação residual agradavelmente amarga e seca

OBS: DEGUSTADA EM: ___/___/___

SPOLLER PILSEN

Cerveja nacional Pilsen clara, produzida pela Indústria Norte Paranaense de Bebidas, em Londrina, PR, de baixa fermentação e teor alcoólico declarado de 4,5%
COMPOSIÇÃO BÁSICA: água, malte de cevada, carboidratos e lúpulo
CARACTERÍSTICAS: coloração amarelo-clara, espuma intensa e persistente, encorpada, aroma pronunciado de cereais, amargor muito suave e sensação residual adstringente

OBS: DEGUSTADA EM: ___/___/___

ST. LANDELIN AMBRÉE

Cerveja francesa, tipo Specialty Ale, produzida pela Les Brasseurs de Gayant, em Douai, de alta fermentação e teor alcoólico declarado de 6,5%
COMPOSIÇÃO BÁSICA: água, malte de cevada, malte de trigo, cereais não maltados, lúpulo e especiarias
CARACTERÍSTICAS: coloração âmbar, límpida, espuma intensa e de boa estabilidade, aromas adocicado de malte torrado e picante de especiarias, corpo médio, sabor adocicado de toffee, amargor harmonioso e sensação residual adocicada

OBS: DEGUSTADA EM: ___/___/___

ST. LANDELIN BLONDE

Cerveja francesa, tipo Specialty Ale, produzida pela Les Brasseurs de Gayant, de alta fermentação e teor alcoólico declarado de 6,5%
COMPOSIÇÃO BÁSICA: água, malte de cevada, malte de trigo, cereais não maltados, lúpulo e especiarias
CARACTERÍSTICAS: coloração dourada, límpida, espuma intensa e de boa estabilidade, aromas frutal de laranja e picante de especiarias, corpo médio-baixo, sabor ácido, amargor harmonioso e sensação residual seca e refrescante

OBS: DEGUSTADA EM: ___/___/___

ST. LANDELIN LA DIVINE

Cerveja francesa clara, tipo Bière de Garde, produzida pela Les Brasseurs de Gayant, na França, de alta fermentação e teor alcoólico declarado de 8,5%
COMPOSIÇÃO BÁSICA: água, malte de cevada, malte de trigo, açúcares e lúpulo
CARACTERÍSTICAS: coloração amarelo-ouro, límpida, espuma de boa formação e boa estabilidade, aroma frutado e de álcool, encorpada pelo álcool com notas de cereal maltado, amargor suave e sensação residual de aquecimento e adocicada

OBS: DEGUSTADA EM: ___/___/___

ST. LANDELIN MYTHIQUE

Cerveja francesa clara, tipo Strong Golden Ale, produzida pela Les Brasseurs de Gayant, de alta fermentação e teor alcoólico declarado de 7,5%
COMPOSIÇÃO BÁSICA: água, malte de cevada, malte de trigo, açúcares, lúpulo e flores naturais
CARACTERÍSTICAS: coloração amarelo-dourada, límpida, espuma de boa formação e queda lenta, aroma frutal de ésteres, álcool e leve caramelo, encorpada, adocicada e alcoólica, amargor terroso e sensação residual agradavelmente amarga e seca

OBS: DEGUSTADA EM: ___/___/___

STAROBRNO

Cerveja tcheca Pilsen clara, produzida pela Starobrno, em Brno, de baixa fermentação e teor alcoólico declarado de 5%
COMPOSIÇÃO BÁSICA: água, malte de cevada e lúpulo
CARACTERÍSTICAS: coloração amarelo-ouro, espuma intensa e persistente, aroma pronunciado de malte, encorpada, amargor forte de lúpulo e sensação residual amarga e adstringente

OBS: DEGUSTADA EM: ___/___/___

STAROBRNO CERNÉ

Cerveja tcheca Pilsen escura, tipo Munich, produzida pela Starobrno, de baixa fermentação e teor alcoólico declarado de 3,8%
COMPOSIÇÃO BÁSICA: água, malte de cevada e lúpulo
CARACTERÍSTICAS: coloração negro-avermelhada, espuma intensa e de boa estabilidade, aroma de malte torrado, corpo suave e adocicado, amargor agradável e sensação residual adstringente e amarga

OBS: DEGUSTADA EM: ___/___/___

STELLA ARTOIS

Cerveja belga Pilsen clara, produzida no Brasil pela Ambev sob supervisão da InBev, de baixa fermentação e teor alcoólico declarado de 5,2%
COMPOSIÇÃO BÁSICA: água, malte de cevada, cereais não maltados e lúpulo
CARACTERÍSTICAS: coloração amarelo-ouro, espuma intensa e firme, encorpada, aroma de cereais, amargor pronunciado e sensação residual adstringente e seca

OBS: DEGUSTADA EM: ___/___/___

STEENBRUGGE BLOND ALE

Cerveja belga dourada, tipo Blond Ale Abadia, produzida pela Palm Breweries, na Bélgica, de alta fermentação e refermentada na própria garrafa e teor alcoólico declarado de 6,5%
COMPOSIÇÃO BÁSICA: água, malte de cevada, açúcar, especiarias e lúpulo
CARACTERÍSTICAS: coloração amarelo-ouro, levemente turva, espuma de boa formação e persistente, aroma de especiarias e adocicado de malte, encorpada, adocicada e frutada, amargor harmonioso e sensação residual refrescante, levemente ácida e adstringente

OBS: DEGUSTADA EM: ___/___/___

STEENBRUGGE DUBBEL BRUIN

Cerveja belga escura, tipo Belgian Dubble Abadia, produzida pela Palm Breweries, de alta fermentação e refermentada na própria garrafa e teor alcoólico declarado de 6,5%
COMPOSIÇÃO BÁSICA: água, malte de cevada, especiarias, açúcar e lúpulo
CARACTERÍSTICAS: coloração marrom-avermelhada, levemente turva, espuma intensa e persistente, aroma de cereais maltados e especiarias, sabor adocicado de cereais maltados e adstringente, amargor herbal perceptível e sensação residual picante e amarga

OBS: DEGUSTADA EM: ___/___/___

SUPER BOCK ABADIA GOLD

Cerveja portuguesa, tipo Strong Lager, produzida pela Unicer, em Leça do Bailo, de baixa fermentação e teor alcoólico declarado de 6,8%
COMPOSIÇÃO BÁSICA: água, malte de cevada e lúpulo
CARACTERÍSTICAS: coloração dourada, límpida, espuma de boa formação e estabilidade, aromas de cereais maltados e leve de lúpulo, corpo médio-baixo, amargor suave e sensação residual refrescante e adocicada

OBS: DEGUSTADA EM: ___/___/___

SUPER BOCK ABADIA RUBI

Cerveja portuguesa, tipo Specialty Beer, produzida pela Unicer, de baixa fermentação e teor alcoólico declarado de 6,8%
COMPOSIÇÃO BÁSICA: água, malte de cevada, corante e lúpulo
CARACTERÍSTICAS: coloração avermelhada, límpida, espuma de boa formação e persistente, aromas frutado e amadeirado, corpo suave, amargor harmonioso e sensação residual levemente tostada e adstringente

OBS: **DEGUSTADA EM:** ___/___/___

SUPER BOCK LONG NECK

Cerveja portuguesa, tipo American Lager, produzida pela Unicer, de baixa fermentação e teor alcoólico declarado de 5,2%
COMPOSIÇÃO BÁSICA: água, malte de cevada, cereais não maltados, carboidratos e lúpulo
CARACTERÍSTICAS: coloração amarela-brilhante, límpida, espuma de boa formação e baixa estabilidade, aroma de cereais cozidos, corpo leve, sabor suave de cereais, amargor leve e sensação residual suave e refrescante

OBS: **DEGUSTADA EM:** ___/___/___

SUPER BOCK STOUT

Cerveja portuguesa, tipo Dry Stout, produzida pela Cervejaria Unicer, de alta fermentação e teor alcoólico declarado de 5%
COPOSIÇÃO BÁSICA: água, malte de cevada, carboidratos, corante caramelo e lúpulo
CARACTERÍSTICAS: coloração negra, espuma intensa e de boa estabilidade, aromas frutado, de caramelo e toffee, sabores de malte torrado e leve de café, corpo médio-baixo e sensação residual seca, adstringente e agradável de malte torrado

OBS: **DEGUSTADA EM:** ___/___/___

SUMMER DRAFT

Cerveja nacional, tipo American Lager, produzida pela Heineken do Brasil, de baixa fermentação e teor alcoólico declarado de 4,7%
COMPOSIÇÃO BÁSICA: água, malte de cevada, lúpulo e cereais não maltados
CARACTERÍSTICAS: coloração amarelo-clara, límpida, espuma de boa formação e queda lenta, aroma suave de cereais cozidos, corpo leve e sabor de cereais cozidos, amargor muito suave e sensação residual refrescante levemente adstringente

OBS: **DEGUSTADA EM:** ___/___/___

TEQUIEROS

Cerveja francesa, tipo Specialty Beer, produzida pela cervejaria Les Brasseurs de Gayant, de baixa fermentação, aromatizada com tequila e lima e teor alcoólico de 5,6%
COMPOSIÇÃO BÁSICA: 95% de cerveja, carboidratos e aromas
CARACTERÍSTICAS: coloração amarelo-ouro, límpida, espuma de boa formação e queda lenta, aroma ácido de limão e frutado doce, muito suave, adocicada e efervescente, amargor de lúpulo imperceptível e sensação residual refrescantemente ácida

OBS: DEGUSTADA EM: ___/___/___

THERESIANER PALE ALE

Cerveja italiana, tipo English Pale Ale, produzida pela Alte Brauerei Trieste 1766, em Treviso, de alta fermentação e teor alcoólico declarado de 6,5%
COMPOSIÇÃO BÁSICA: água, malte de cevada e lúpulo
CARACTERÍSTICAS: coloração âmbar-clara, límpida, espuma de boa formação e estabilidade, aromas de cereais maltados e pão, sabor adocicado de malte, corpo médio, amargor suave e sensação residual doce e agradável de malte

OBS: DEGUSTADA EM: ___/___/___

THERESIANER PREMIUM PILLS

Cerveja italiana, tipo German Pilsener, produzida pela Alte Brauerei Trieste 1766, de baixa fermentação e teor alcoólico declarado de 5%
COMPOSIÇÃO BÁSICA: água, malte de cevada e lúpulo
CARACTERÍSTICAS: coloração amarelo-dourada, límpida, espuma de boa formação e persistente, aromas de malte e de lúpulo, sabores amargo e maltado, corpo médio, amargor intenso e sensação residual adstringente e agradavelmente amarga

OBS: DEGUSTADA EM: ___/___/___

THERESIANER VIENNA

Cerveja italiana, tipo Vienna Lager, produzida pela Alte Brauerei Trieste 1766, de baixa fermentação e teor alcoólico declarado de 5,3%
COMPOSIÇÃO BÁSICA: água, malte de cevada e lúpulo
CARACTERÍSTICAS: coloração âmbar, límpida, espuma intensa e persistente, aroma de malte caramelado e suave de lúpulo, sabor adocicado de malte com notas de toffee, corpo médio-baixo, amargor harmonioso e sensação residual adocicada

OBS: DEGUSTADA EM: ___/___/___

THEREZÓPOLIS GOLD

Cerveja Pilsen nacional clara, produzida pela Cervejaria Teresópolis, de baixa fermentação e teor alcoólico declarado de 4,7%
COMPOSIÇÃO BÁSICA: água mineral, malte de cevada e lúpulo
CARACTERÍSTICAS: coloração amarelo-ouro, espuma de boa formação e persistente, encorpada, aroma suave de malte, amargor equilibrado e sensação residual de lúpulo

OBS: **DEGUSTADA EM:** ___/___/___

THOMAS HARDY'S ALE

Cerveja inglesa escura, tipo Barley Wine, produzida pela O'Hanlon's Brewing, em Devon, de alta fermentação e teor alcoólico declarado de 11,7%
COMPOSIÇÃO BÁSICA: água, malte de cevada, cereais não maltados e lúpulo
CARACTERÍSTICAS: coloração castanho-escura, turva pela refermentação na garrafa, espuma insipiente, aromas complexos de especiarias e carvalho, encorpada, amargor muito leve e sensação residual intensa de madeira, malte torrado e frutas

OBS: **DEGUSTADA EM:** ___/___/___

TILBURG'S DUTCH BROWN ALE

Cerveja holandesa avermelhada, tipo Brown Ale, produzida pela Koningshoeven, de alta fermentação e teor alcoólico de 5%
COMPOSIÇÃO BÁSICA: água, malte de cevada, açúcar cervejeiro e lúpulo
CARACTERÍSTICAS: coloração castanho-avermelhada, espuma intensa e firme, encorpada e alcoólica, aroma frutado, amargor suave e marcante e sensação residual refrescante

OBS: **DEGUSTADA EM:** ___/___/___

TIRE BITE GOLDEN ALE

Cerveja norte-americana, tipo Kölsch – Golden Ale, produzida pela Flying Dog Brewery, de alta fermentação e teor alcoólico declarado de 5,1%
COMPOSIÇÃO BÁSICA: água, malte de cevada, malte de trigo e lúpulo
CARACTERÍSTICAS: coloração amarelo-clara, límpida, espuma de boa formação e estabilidade, aromas suaves de lúpulo e cereal maltado, corpo leve, amargor perceptível e harmonioso e sensação residual refrescante e levemente adocicada

OBS: **DEGUSTADA EM:** ___/___/___

TRAPPISTES ROCHEFORT 6

Cerveja belga trapista clara, tipo Strong Ale Dubbel, produzida pela Abbaye Notre-Dame de Saint Remy, em Roquefort, de alta fermentação e teor alcoólico declarado de 7,5%
COMPOSIÇÃO BÁSICA: água, malte de cevada, cereais não maltados, carboidratos e lúpulo
CARACTERÍSTICAS: coloração castanho-avermelhada, turva pela refermentação, espuma de boa formação e queda lenta, aromas frutado e de cereais maltados, encorpada e doce, amargor agradável e sensação residual adocicada de malte tostado
OBS: DEGUSTADA EM:
                                                                                                                                ___/___/___

TRAPPISTES ROCHEFORT 10

Cerveja belga trapista clara, tipo Dark Strong Ale, produzida pela Abbaye Notre-Dame de Saint Remy, de alta fermentação e teor alcoólico declarado de 11,3%
COMPOSIÇÃO BÁSICA: água, malte de cevada, cereais não maltados, carboidratos e lúpulo
CARACTERÍSTICAS: coloração marrom-avermelhada, turva pela refermentação na garrafa, espuma intensa e firme, aromas complexos de frutas e especiarias, encorpada e alcoólica, amargor persistente e sensação residual amarga com um toque de toffee
OBS: DEGUSTADA EM:
                                                                                                                                ___/___/___

TRAQUAIR HOUSE ALE

Cerveja inglesa escura, tipo Strong Scotch Ale, produzida pela Traquair House, na Escócia, de alta fermentação e teor alcoólico declarado de 7,2%
COMPOSIÇÃO BÁSICA: água, malte de cevada e lúpulo
CARACTERÍSTICAS: coloração marrom-avermelhada, espuma de boa formação e firme, aroma acentuado de cereal maltado, encorpada, amargor equilibrado e sensação residual de malte tostado com um toque de café

OBS: DEGUSTADA EM:
                                                                                                                                ___/___/___

TRIPEL KARMELIET

Cerveja belga clara, tipo Belgian Tripel, produzida pela Boosteels Brewery, em Buggenhout, de alta fermentação e teor alcoólico declarado de 8,4%
COMPOSIÇÃO BÁSICA: água, malte de cevada, trigo, aveia e lúpulo
CARACTERÍSTICAS: coloração amarela, espuma intensa e firme, aromas complexos de flores, frutas e especiarias, corpo denso, amargor harmonioso e sensação residual adocicada de frutas e especiarias

OBS: DEGUSTADA EM:
                                                                                                                                ___/___/___

TUCHER BAJUVATOR

Cerveja alemã Pilsen escura, tipo Doppelbock, produzida pela Tucher Bräu, em Fürth, de baixa fermentação e teor alcoólico declarado de 7,2%
COMPOSIÇÃO BÁSICA: água, malte de cevada e lúpulo
CARACTERÍSTICAS: coloração castanho-avermelhada, espuma de boa formação e estabilidade, aroma de malte torrado, encorpada e alcoólica, amargor harmonioso e sensação residual adstringente de malte tostado

OBS:

DEGUSTADA EM:
___/___/___

TUCHER DUNKLES HEFE WEIZEN

Cerveja alemã escura, turva, tipo de trigo, produzida pela Tucher Bräu, de alta fermentação e teor alcoólico declarado de 5,2%
COMPOSIÇÃO BÁSICA: água, malte de cevada, trigo e lúpulo
CARACTERÍSTICAS: coloração castanho-clara, turva pela refermentação na garrafa, espuma intensa e persistente, aromas frutado e de malte torrado, encorpada, amargor agradável e sensação residual adstringente de malte tostado

OBS:

DEGUSTADA EM:
___/___/___

TUCHER HELLES HEFE WEIZEN

Cerveja alemã clara, turva, tipo de trigo, produzida pela Tucher Bräu, de alta fermentação e teor alcoólico declarado de 5,2%
COMPOSIÇÃO BÁSICA: água, malte de cevada, trigo e lúpulo
CARACTERÍSTICAS: coloração amarelo-clara, turva pela refermentação na garrafa, espuma de boa formação e persistente, aroma frutado, corpo suave, amargor agradável e sensação residual refrescante e adstringente

OBS:

DEGUSTADA EM:
___/___/___

TUCHER ÜBERSEE EXPORT

Cerveja alemã Pilsen clara, tipo Export, produzida pela Tucher Bräu, de baixa fermentação e teor alcoólico declarado de 5,5%
COMPOSIÇÃO BÁSICA: água, malte de cevada e lúpulo
CARACTERÍSTICAS: coloração amarelo-ouro, espuma de boa formação e queda lenta, aroma de cereais maltados, corpo suave, amargor agradável e sensação residual refrescante e amarga

OBS:

DEGUSTADA EM:
___/___/___

UNIBROUE 15th ANNIVERSARY

Cerveja canadense clara, tipo Ale Tripel Abadia, produzida pela Unibroue Chambly, em Quebec, de alta fermentação e teor alcoólico declarado de 10%
COMPOSIÇÃO BÁSICA: não declarada no rótulo - água, maltes e lúpulo
CARACTERÍSTICAS: coloração amarelo-ouro, espuma intensa e cremosa, turva pela presença de fermento, aromas complexos de aldeídos e lúpulo, encorpada, forte, adstringente, amargor pronunciado e sensação refrescante e amarga

OBS:

DEGUSTADA EM: ___/___/___

UNIBROUE 16

Cerveja canadense escura, tipo Belgian Strong Ale, produzida pela Unibroue Chambly, de alta fermentação e teor alcoólico declarado de 10%
COMPOSIÇÃO BÁSICA: água, malte de cevada, carboidratos e lúpulo
CARACTERÍSTICAS: coloração castanho-clara, turva pela presença de fermento, espuma de boa formação e estabilidade, aromas frutado e de especiarias, encorpada e forte, amargor harmonioso e sensação residual alcoólica e levemente amarga

OBS:

DEGUSTADA EM: ___/___/___

UNIBROUE 17

Cerveja canadense escura, tipo Dark Strong Ale, produzida pela Unibroue Chambly, de alta fermentação e teor alcoólico declarado de 10%
COMPOSIÇÃO BÁSICA: água, malte de cevada, carboidratos e lúpulo
CARACTERÍSTICAS: coloração castanha intensa, turva pela presença de fermento, espuma de boa formação e queda rápida, aroma de malte torrado, encorpada e forte, amargor suave e sensação residual alcoólica e amadeirada

OBS:

DEGUSTADA EM: ___/___/___

UNIBROUE DON DE DIEU

Cerveja canadense de trigo, clara, forte, refermentada na garrafa, produzida pela Unibroue Chambly, de alta fermentação e teor alcoólico declarado de 9%
COMPOSIÇÃO BÁSICA: água, malte de cevada, malte de trigo e lúpulo
CARACTERÍSTICAS: coloração amarelo-clara, turva pela presença de fermento, espuma intensa e firme, encorpada, forte, amargor equilibrado entre lúpulo e fermento, aroma frutado e complexo e sensação residual refrescante levemente adocicada

OBS:

DEGUSTADA EM: ___/___/___

UNIBROUE LA FIN DU MONDE

Cerveja canadense clara, tipo Ale, forte, tripla fermentação, uma delas na garrafa, produzida pela Unibroue Chambly, de alta fermentação e teor alcoólico declarado de 9%
COMPOSIÇÃO BÁSICA: água, malte de cevada e lúpulo
CARACTERÍSTICAS: coloração amarelo-ouro, turva pela presença de fermento, espuma intensa e cremosa, encorpada, levemente amarga, aroma de cereais e especiarias e sensação residual refrescante e seca

OBS:

DEGUSTADA EM:
___/___/___

UNIBROUE MAUDITE

Cerveja canadense escura, tipo Strong Red Ale, produzida pela Unibroue Chambly, de alta fermentação e teor alcoólico declarado de 8%
COMPOSIÇÃO BÁSICA: água, malte de cevada, carboidratos e lúpulo
CARACTERÍSTICAS: coloração castanho-avermelhada, turva, espuma de boa formação e queda rápida, aromas floral e frutado, encorpada e forte, amargor adstringente e sensação residual marcante de lúpulo e álcool

OBS:

DEGUSTADA EM:
___/___/___

UNIBROUE TROIS PISTOLES

Cerveja canadense escura forte, tipo Ale, refermentada na garrafa, produzida pela Unibroue Chambly, de alta fermentação e teor alcoólico declarado de 9%
COMPOSIÇÃO BÁSICA: água, quatro variedades de maltes e lúpulo
CARACTERÍSTICAS: coloração castanho-escura, espuma intensa e cremosa, turva pela presença de fermento, encorpada, forte, aromas de malte torrado e frutas, amargor suave e sensação residual adocicada e de malte tostado

OBS:

DEGUSTADA EM:
___/___/___

URBOCK 23º

Ceveja austríaca clara, tipo Double Bock, forte, produzida pela Schlossbrauerei Eggenberg, de baixa fermentação e teor alcoólico declarado de 9,6%
COMPOSIÇÃO BÁSICA: água, malte de cevada e lúpulo
CARACTERÍSTICAS: coloração amarelo-ouro, espuma de boa formação e queda rápida, bastante encorpada, aroma forte de álcool, amargor equilibrado e sensação residual adocicada de malte e alcoólica

OBS:

DEGUSTADA EM:
___/___/___

URTHEL HIBERNUS QUENTUM

Cerveja belga clara, forte, tipo Ale Triple, produzida pela The Leyerth Breweries, de alta fermentação e teor alcoólico declarado de 9%
COMPOSIÇÃO BÁSICA: água, malte de cevada, carboidratos e lúpulo
CARACTERÍSTICAS: coloração amarelo-ouro, espuma intensa e firme, encorpada, alcoólica, toque de mel, turva pela presença de fermento, aroma fino de lúpulo, amargor harmonioso e marcante, sensação residual de lúpulo e especiarias

OBS:

DEGUSTADA EM: ___/___/___

URTHEL HOP-IT

Cerveja belga clara, forte, tipo Ale, fortemente lupulada, produzida pela The Leyerth Breweries, de alta fermentação e teor alcoólico declarado de 9,5%
COMPOSIÇÃO BÁSICA: água, malte de cevada, carboidratos e lúpulo
CARACTERÍSTICAS: coloração amarelo-ouro, espuma intensa e firme, encorpada, forte, amarga, levemente turva pela presença de fermento, aroma forte e fino de lúpulo, amargor forte e sensação residual agradável e marcante de lúpulo

OBS:

DEGUSTADA EM: ___/___/___

URTHEL PARLUS MAGNIFICUM

Cerveja belga escura, forte, tipo Dark Ale, produzida pela The Leyerth Breweries, de alta fermentação e teor alcoólico declarado de 7,5%
COMPOSIÇÃO BÁSICA: água, malte de cevada, carboidratos e lúpulo
CARACTERÍSTICAS: coloração castanho-escuro-avermelhada, espuma intensa e firme, encorpada com notas de chocolate, turva pela presença de fermento, aroma de malte torrado, amargor pronunciado e sensação residual amarga e adstringente

OBS:

DEGUSTADA EM: ___/___/___

URTHEL SAMARANTH

Cerveja belga escura, tipo Ale Quadrupel, produzida pela The Leyerth Breweries, de alta fermentação e teor alcoólico declarado de 11,5%
COMPOSIÇÃO BÁSICA: água, malte de cevada, carboidratos e lúpulo
CARACTERÍSTICAS: coloração castanha, espuma intensa e cremosa, turva pela presença de fermento, encorpada, alcoólica, forte, aromática, amargor equilibrado e sensação residual ambígua de amargo do lúpulo e doce de malte torrado

OBS:

DEGUSTADA EM: ___/___/___

VENENOSA

Cerveja nacional, tipo Imperial India Pale Ale, produzida pela Cervejaria & Escola Bodebrown, de alta fermentação e teor alcoólico declarado de 9,1%
COMPOSIÇÃO BÁSICA: não há informações no rótulo, tampouco no site oficial
CARACTERÍSTICAS: coloração âmbar, límpida, espuma de boa formação e média estabilidade, corpo médio-alto e ácido, aromas de lúpulo herbal e cítrico, amargor intenso e adstringente e sensação residual seca, amarga e adstringente

OBS:

DEGUSTADA EM: ___/___/___

VOLL-DAMM

Cerveja espanhola Pilsen clara, tipo Märzenbier ou Strong Lager, produzida pela Damm, de baixa fermentação e teor alcoólico declarado de 7,2%
COMPOSIÇÃO BÁSICA: água, malte de cevada, cereais não maltados e lúpulo
CARACTERÍSTICAS: coloração amarelo-ouro intenso, espuma de boa formação e persistente, aroma de cereal maltado, encorpada, amargor equilibrado e sensação residual agradável de malte

OBS:

DEGUSTADA EM: ___/___/___

WÄLS DUBBEL

Cerveja nacional escura, tipo Belgian Ale Double, produzida pela Wäls, de alta fermentação e teor alcoólico declarado de 7,5%
COMPOSIÇÃO BÁSICA: água, malte de cevada, carboidratos e lúpulo
CARACTERÍSTICAS: coloração castanho-escura, turva pela refermentação na garrafa, espuma de boa formação e estabilidade, aromas complexos de frutas e malte torrado, encorpada, amargor suave e sensação residual adstringente de malte tostado

OBS:

DEGUSTADA EM: ___/___/___

WÄLS PILSEN

Cerveja nacional Pilsen clara, produzida pela Tropical Juice, em Belo Horizonte, MG, de baixa fermentação e teor alcoólico declarado de 4%
COMPOSIÇÃO BÁSICA: água, malte de cevada e lúpulo
CARACTERÍSTICAS: coloração amarelo-clara, espuma de boa formação e boa estabilidade, aroma suave de lúpulo, corpo muito leve, amargor harmonioso e sensação residual refrescante

OBS:

DEGUSTADA EM: ___/___/___

WÄLS PILSEN TIPO BOHEMIA

Cerveja nacional Pilsen clara, produzida pela Tropical Juice, de baixa fermentação e teor alcoólico declarado de 5%
COMPOSIÇÃO BÁSICA: água, malte de cevada e lúpulo
CARACTERÍSTICAS: coloração amarelo-ouro, espuma intensa e de boa estabilidade, aromas suaves de malte e lúpulo, encorpada, amargor agradável e sensação residual harmoniosa de lúpulo e cereais

OBS:

DEGUSTADA EM:
___/___/___

WÄLS QUADRUPPEL

Cerveja nacional escura, tipo Strong Ale, produzida pela Wäls, de alta fermentação e teor alcoólico declarado de 11%
COMPOSIÇÃO BÁSICA: água, malte de cevada, carboidratos e lúpulo
CARACTERÍSTICAS: coloração marrom-avermelhada, turva pela refermentação na garrafa, espuma de boa formação e queda rápida, aromas complexos de frutas e malte torrado, encorpada, amargor harmonioso e sensação residual alcoólica e de malte tostado

OBS:

DEGUSTADA EM:
___/___/___

WÄLS TRIPPEL

Cerveja nacional clara, tipo Belgian Ale Triple, produzida pela Wäls, de alta fermentação e teor alcoólico declarado de 9%
COMPOSIÇÃO BÁSICA: água, malte de cevada, carboidratos e lúpulo
CARACTERÍSTICAS: coloração alaranjada, turva pela refermentação na garrafa, espuma intensa e persistente, aromas frutado e cítrico, encorpada, amargor delicado e sensação residual alcoólica e adocicada

OBS:

DEGUSTADA EM:
___/___/___

WARSTEINER DUNKEL

Cerveja alemã Pilsen escura, produzida pela Warsteiner Brauerei, de baixa fermentação e teor alcoólico declarado de 4,8%
COMPOSIÇÃO BÁSICA: água, malte de cevada e lúpulo
CARACTERÍSTICAS: coloração marrom-avermelhada, espuma densa e persistente, encorpada, aroma de malte torrado, amargor pronunciado e sensação residual adstringente e seca

OBS:

DEGUSTADA EM:
___/___/___

WARSTEINER FRESH ALKOHOLFREI

Cerveja alemã Pilsen clara, produzida pela Warsteiner Brauerei, de baixa fermentação e teor alcoólico declarado menor que 0,5%
COMPOSIÇÃO BÁSICA: água, malte de cevada e lúpulo
CARACTERÍSTICAS: coloração amarelo-ouro, espuma de boa formação, corpo leve, aroma de cereal, amargor suave e sensação residual doce de cereais cozidos

OBS: DEGUSTADA EM: ___/___/___

WARSTEINER PREMIUM VERUM

Cerveja Pilsen clara, fabricada na Argentina sob licença da Warsteiner Brauerei, da Alemanha, de baixa fermentação e teor alcoólico declarado de 4,8%
COMPOSIÇÃO BÁSICA: água, malte de cevada e lúpulo
CARACTERÍSTICAS: coloração amarelo-ouro, espuma intensa e persistente, encorpada, aroma de cereais, amargor pronunciado e sensação residual persistente de lúpulo

OBS: DEGUSTADA EM: ___/___/___

WATERLOO 7

Cerveja belga clara, tipo Belgian Ale Triple, produzida pela Brasserie Du Bocq, em Purnode, de alta fermentação e teor alcoólico declarado de 7,5%
COMPOSIÇÃO BÁSICA: água, malte de cevada e lúpulo
CARACTERÍSTICAS: coloração amarelo-clara, levemente turva, espuma de boa formação e estabilidade, aromas complexos de ésteres e lúpulo, corpo suave, amargor cítrico e sensação residual adstringente e amarga

OBS: DEGUSTADA EM: ___/___/___

WATERLOO 8

Cerveja belga escura, tipo Belgian Ale Double, produzida pela Brasserie Du Bocq, de alta fermentação e teor alcoólico declarado de 8,5%
COMPOSIÇÃO BÁSICA: água, malte de cevada e lúpulo
CARACTERÍSTICAS: coloração castanho-avermelhada, levemente turva, espuma intensa e firme, aromas de malte torrado e frutado, encorpada e alcoólica, amargor suave e sensação residual adstringente, adocicada e alcoólica

OBS: DEGUSTADA EM: ___/___/___

WEE HEAVY OAK BARREL

Cerveja nacional, tipo Strong Scotch Ale, produzida pela Cervejaria & Escola Bodebrown, de alta fermentação e envelhecida em barris de carvalho e teor alcoólico declarado de 8%
COMPOSIÇÃO BÁSICA: água, malte de cevada e lúpulo
CARACTERÍSTICAS: coloração marrom-avermelhada, límpida, espuma de formação média e queda lenta, aromas de cereal maltado, caramelo e toffee, corpo intenso e alcoólico, amargor médio e sensação residual de aquecimento e adocicado

OBS: DEGUSTADA EM: ___/___/___

WEIHENSTEPHANER HEFE WEISSBIER

Cerveja alemã clara, turva, tipo Weizenbier, produzida pela Weihenstephan, em Freising, de alta fermentação, refermentada na garrafa e teor alcoólico declarado de 5,4%
COMPOSIÇÃO BÁSICA: água, malte de cevada, malte de trigo e lúpulo
CARACTERÍSTICAS: coloração amarelo-ouro, turva pela presença de fermento, espuma intensa e persistente, encorpada e aromática, aroma frutado com notas de cravo e banana, amargor acentuado e sensação residual agradavelmente amarga

OBS: DEGUSTADA EM: ___/___/___

WEIHENSTEPHANER HEFE WEISSBIER DUNKEL

Cerveja de trigo alemã escura, turva, tipo Weizenbier, produzida pela Weihenstephan, de alta fermentação, refermentada na garrafa e teor alcoólico declarado de 5,3%
COMPOSIÇÃO BÁSICA: água, malte de cevada, malte de trigo e lúpulo
CARACTERÍSTICAS: coloração castanho-avermelhada, turva pela presença de fermento, espuma intensa e persistente, encorpada, aroma frutado com notas de cravo e caramelo, amargor acentuado e sensação residual amarga

OBS: DEGUSTADA EM: ___/___/___

WEIHENSTEPHANER TRADITION BAYRISH DUNKEL

Cerveja alemã escura, tipo Schwarzbier, produzida pela Weihenstephan, de baixa fermentação e teor alcoólico declarado de 5,2%
COMPOSIÇÃO BÁSICA: água, malte de cevada e lúpulo
CARACTERÍSTICAS: coloração castanho-escura, espuma intensa e firme, encorpada e adstringente, aroma de lúpulo, amargor equilibrado e sensação residual de malte torrado

OBS: DEGUSTADA EM: ___/___/___

WEIHENSTEPHANER VITUS

Cerveja alemã clara, turva, tipo Bock de trigo, produzida pela Weihenstephan, de alta fermentação e teor alcoólico declarado de 7,7%
COMPOSIÇÃO BÁSICA: água, malte de cevada, malte de trigo e lúpulo
CARACTERÍSTICAS: coloração amarelo-ouro, turva pela presença de fermento, espuma intensa e firme, encorpada, aroma intenso de fermento, amargor equilibrado e sensação residual refrescante

OBS: DEGUSTADA EM: ___/___/___

WELLS BOMBARDIER

Cerveja inglesa, tipo English Pale Ale - ESB, produzida pela Well's and Young's, em Bedford, de alta fermentação e teor alcoólico declarado de 5,2%
COMPOSIÇÃO BÁSICA: água, maltes de cevada e lúpulo
CARACTERÍSTICAS: coloração acobreada densa, límpida, espuma de boa formação e persistente, aromas complexos de lúpulo, malte tostado e especiarias, sabor adocicado de malte com toque de toffee, corpo médio, amargor herbal e sensação residual amarga

OBS: DEGUSTADA EM: ___/___/___

WELTENBURGER KLOSTER ANNO 1050

Cerveja alemã, tipo Märzen, produzida pela Cervejaria Petrópolis, de baixa fermentação e teor alcoólico declarado de 5,5%
COMPOSIÇÃO BÁSICA: água, maltes de cevada e lúpulo
CARACTERÍSTICAS: coloração amarelo-ouro, espuma de boa formação e estabilidade, aromas de cereais maltados e herbal de lúpulo, encorpada, sabor equilibrado entre o malte e o lúpulo, amargor persistente e sensação residual seca e amarga de lúpulo

OBS: DEGUSTADA EM: ___/___/___

WELTENBURGER KLOSTER BAROCK DUNKEL

Cerveja alemã, tipo Märzen, produzida pela Cervejaria Petrópolis, de baixa fermentação e teor alcoólico declarado de 4,7%
COMPOSIÇÃO BÁSICA: água, maltes de cevada e lúpulo
CARACTERÍSTICAS: coloração castanho-escura, espuma intensa e persistente, aromas de malte torrado e caramelo, sabor encorpado de malte, aveludado, amargor presente e sensação residual agradavelmente equilibrada entre adocicada e amarga

OBS: DEGUSTADA EM: ___/___/___

WELTENBURGER KLOSTER HEFE-WEISSBIER DUNKEL

Cerveja alemã, tipo Hefe-Weissbier Dunkles, produzida pela Cervejaria Petrópolis, de alta fermentação e teor alcoólico declarado de 5,3%
COMPOSIÇÃO BÁSICA: água, malte de trigo, malte de cevada e lúpulo
CARACTERÍSTICAS: coloração âmbar, turva pela presença de fermento, espuma intensa e persistente, aromas de frutas e especiarias, encorpada pelo balanço entre malte e lúpulo, amargor discreto e sensação residual refrescante e adstringente

OBS: DEGUSTADA EM:
___/___/___

WELTENBURGER KLOSTER URTYP HELL

Cerveja alemã, tipo Münchner Helles, produzida pela Cervejaria Petrópolis, de baixa fermentação e teor alcoólico declarado de 4,9%
COMPOSIÇÃO BÁSICA: água, malte de cevada e lúpulo
CARACTERÍSTICAS: coloração amarela brilhante, espuma de boa formação e persistente, aroma de cereais maltados, amarga, corpo médio-baixo, amargor harmonioso e sensação residual refrescante e agradavelmente amarga

OBS: DEGUSTADA EM:
___/___/___

WENSKY BEER BALTIC PORTER

Cerveja nacional escura, forte, tipo Porter, produzida pela Microcervejaria Wensky Beer, em Contenda, PR, de alta fermentação e teor alcoólico declarado de 7%.
COMPOSIÇÃO BÁSICA: água, malte de cevada e lúpulo
CARACTERÍSTICAS: coloração marrom escura, límpida, espuma de boa formação e persistente, aroma de cereais torrados, toffee e café, sabor adstringente de cereais torrados, amargor de lúpulo pronunciado e sensação residual adstringente, seca e amarga

OBS: DEGUSTADA EM:
___/___/___

WENSKY BEER DREWNA PIWA

Cerveja nacional escura, tipo Old Ale, produzida pela Microcervejaria Wensky Beer, de alta fermentação e teor alcoólico declarado de 9,5%
COMPOSIÇÃO BÁSICA: água, malte de cevada e lúpulo
CARACTERÍSITICAS: coloração âmbar-avermelhada, levemente turva, espuma de boa formação e média estabilidade, aroma amadeirado, alcoólico e de chocolate, sabor encorpado e adocicado, amargor harmonioso e sensação residual agradavelmente adstringente e seca

OBS: DEGUSTADA EM:
___/___/___

WENSKY BEER PILSEN

Cerveja nacional clara, tipo Pilsen, produzida pela Microcervejaria Wensky Beer, de baixa fermentação e teor alcoólico declarado de 4,8%
COMPOSIÇÃO BÁSICA: água, malte de cevada e lúpulo
CARACTERÍSTICAS: coloração amarelo-ouro, límpida, espuma de boa formação e boa estabilidade, aroma de cereais maltados, sabor suave de cereais cozidos, amargor suave e sensação residual refrescante e suave

OBS: DEGUSTADA EM: ___/___/___

WENSKY BEER VIENNA LAGER

Cerveja nacional clara, tipo Viena Lager, produzida pela Microcervejaria Wensky Beer, de baixa fermentação e teor alcoólico declarado de 5,5%
COMPOSIÇÃO BÁSICA: água, malte de cevada e lúpulo
CARACTERÍSITICAS: coloração âmbar-avermelhada, levemente turva, espuma intensa e de boa estabilidade, aroma de cereais maltados e lúpulo, sabor encorpado de cereais tostados, amargor pronunciado e sensação residual adstringente e seca

OBS: DEGUSTADA EM: ___/___/___

WESTMALLE DUBBEL

Cerveja belga Trapista escura, tipo Dark Strong Ale, produzida pela Brouwerij der Trappisten van Westmalle, em Malle, de alta fermentação e teor alcoólico declarado de 7%
COMPOSIÇÃO BÁSICA: água, malte de cevada e lúpulo
CARACTERÍSTICAS: coloração marrom-avermelhada, turva pela refermentação na garrafa, espuma intensa e de boa estabilidade, aromas complexos frutado e de malte torrado, ácida, amargor leve e sensação residual frutada

OBS: DEGUSTADA EM: ___/___/___

WESTMALLE TRIPEL

Cerveja belga Trapista clara, tipo Strong Ale Triple, produzida pela Brouwerij der Trappisten van Westmalle, de alta fermentação e teor alcoólico declarado de 9,5%
COMPOSIÇÃO BÁSICA: água, malte de cevada e lúpulo
CARACTERÍSTICAS: coloração amarelo-ouro intensa, turva pela refermentação na garrafa, espuma de boa formação e queda lenta, aromas complexos de frutas e especiarias, alcoólica, amargor agradável e sensação residual levemente amarga

OBS: DEGUSTADA EM: ___/___/___

XINGU

Cerveja nacional escura, classificada como Tropical Stout, produzida pela Heineken Brasil, de baixa fermentação e teor alcoólico declarado de 4,6%
COMPOSIÇÃO BÁSICA: água, malte de cevada, cereais não maltados, carboidratos, carboidratos não transformados, lúpulo e corante caramelo
CARACTERÍSTICAS: coloração negro-avermelhada, espuma intensa e de queda lenta, encorpada e doce, aroma de malte torrado, amargor suave e sensação residual de malte torrado

OBS:

DEGUSTADA EM: ___/___/___

YELLOW SNOW IPA

Cerveja norte-americana, tipo India Pale Ale, produzida pela Rogue Ales Brewery, de alta fermentação e teor alcoólico declarado de 6,2%
COMPOSIÇÃO BÁSICA: água, malte de cevada e lúpulo
CARACTERÍSTICAS: coloração âmbar-clara, levemente turva, espuma de boa formação e queda lenta, aromas frutado e cítrico de lúpulo, sabores amargo de lúpulo e adocicado de cereais maltados, corpo médio, amargor balanceado e sensação residual adstringente

OBS:

DEGUSTADA EM: ___/___/___

YOUNGS DOUBLE CHOCOLATE STOUT

Cerveja inglesa, tipo Mild Sweet Stout, produzida pela Well's and Young's, de alta fermentação e teor alcoólico declarado de 5,2%
COMPOSIÇÃO BÁSICA: água, maltes de cevada, aveia, lúpulo e chocolate
CARACTERÍSTICAS: coloração negra, brilhante, espuma intensa e persistente, aromas de café, malte tostado e chocolate, corpo médio-baixo, aveludado e ácido, amargor muito suave e sensação residual de torrado e chocolate amargo

OBS:

DEGUSTADA EM: ___/___/___

ZEBU

Cerveja nacional Pilsen escura, forte, produzida pela Fábrica de Refrigerantes Convenção, de baixa fermentação e teor alcoólico declarado de 5,3%
COMPOSIÇÃO BÁSICA: água, malte de cevada, cereais não maltados, carboidratos e lúpulo
CARACTERÍSTICAS: coloração castanho-escura, turva pela presença de fermento, espuma intensa e firme, encorpada, aroma forte de ésteres, amargor intenso e adstringente e sensação residual adstringente

OBS:

DEGUSTADA EM: ___/___/___

ANOTAÇÕES

Agradecemos às indicações de cervejas enviadas por nossos leitores para a degustação sensorial. Envie sua sugestão para cerveja@casadois.com.br

Adega Alentejana, Aegean Comercial Importadora e Exportadora, Allston Brew, Amazon Beer, Ambev, Anunciada Importação e Exportação, Áustria Bier, Bebidas Coruja, Beers On The Table, Bier & Wein, Boxer do Brasil, BrazilWays, Casa da Cerveja, Cervejaria Abadessa, Cervejaria Backer, Cervejaria Bamberg, Cervejaria Bierland, Cervejaria Bruge, Cervejaria Casa di Conti, Cervejaria Cevada Pura, Cervejaria Colorado, Cervejaria Dama Bier, Cervejaria Falke Bier, Cervejaria Germânia, Cervejaria Guitt's, Cervejaria Karavelle, Cervejaria Klein, Cervejaria Krill, Cervejaria Malta, Cervejaria Mistura Clássica, Cervejaria Paraense, Cervejaria Petrópolis, Cervejaria Premium, Cervejaria Rasen Bier, Cervejaria Rothaus, Cervejaria Saidera, Cervejaria Saint Bier, Cervejaria Sauber Beer, Cervejaria Schmitt, Cervejaria Teresópolis, Cervejaria & Escola Bodebrown, DaDo Bier, Diageo Brasil, Fábrica de Refrigerantes Convenção, Frevo Brasil, Gaudenbier Cervejaria, Grupo Schincariol, Heineken Brasil, Imperial Premium Bier, Import Beer, Indústria Nacional de Bebidas, Microcervejaria Barley, Microcervejaria Cevada Pura, Microcervejaria EikBier, Microcervejaria Wensky Beer, Multicarnes Comércio de Alimentos, On Trade, Opa Bier, Reloco, Tarantino Importadora, Tradbrass, Tropical Juice, Uniland Comercial e Wäls Beer (cervejas); Alvaro Dertinate Nogueira e Margareth Krauter (degustação).

A análise do mestre cervejeiro Alvaro Dertinate Nogueira não reflete necessariamente a opinião dos fabricantes.

PARMA
Impressão e acabamento
Editora Parma LTDA
Tel.:(011) 2462-4000
Av.Antonio Bardella, n°310,Guarulhos,São Paulo-Brasil